Os gregos acreditavam
em seus mitos?

FUNDAÇÃO EDITORA DA UNESP

Presidente do Conselho Curador
Mário Sérgio Vasconcelos

Diretor-Presidente
Jézio Hernani Bomfim Gutierre

Superintendente Administrativo e Financeiro
William de Souza Agostinho

Conselho Editorial Acadêmico
Danilo Rothberg
Luis Fernando Ayerbe
Marcelo Takeshi Yamashita
Maria Cristina Pereira Lima
Milton Terumitsu Sogabe
Newton La Scala Júnior
Pedro Angelo Pagni
Renata Junqueira de Souza
Sandra Aparecida Ferreira
Valéria dos Santos Guimarães

Editores-Adjuntos
Anderson Nobara
Leandro Rodrigues

Paul Veyne

Os gregos acreditavam em seus mitos?

Ensaio sobre a imaginação constituinte

Tradução
Mariana Echalar

© 1983 Éditions du Seuil
© 2013 Editora Unesp
Título original: *Les Grecs ont-ils cru à leurs mythes?*

Fundação Editora da Unesp (FEU)
Praça da Sé, 108
01001-900 – São Paulo – SP
Tel.: (0xx11) 3242-7171
Fax: (0xx11) 3242-7172
www.editoraunesp.com.br
www.livrariaunesp.com.br
atendimento.editora@unesp.br

CIP – Brasil. Catalogação na publicação
Sindicato Nacional dos Editores de Livros, RJ

V72g

Veyne, Paul
 Os gregos acreditavam em seus mitos?: ensaio sobre a imaginação constituinte / Paul Veyne; tradução Mariana Echalar. – 1. ed. – São Paulo: Editora Unesp, 2014.

 Tradução de: Les Grecs ont-ils cru à leurs mythes?
 ISBN 978-85-393-0529-2

 1. História antiga – Enciclopédias. I. Título.

14-13079   CDD: 930
                                                          CDU: 94(100)'.../05'

Editora afiliada:

Asociación de Editoriales Universitarias
de América Latina y el Caribe

Associação Brasileira de
Editoras Universitárias

O senso comum: é contraditório dizer "a verdade é que não há verdade".

Michel Foucault: "É claro que, se nos colocamos no nível de uma proposição, no interior de um discurso, a divisão entre o verdadeiro e o falso não é nem arbitrária nem modificável. Mas se nos colocamos em outra escala, se nos perguntamos qual foi, qual é constantemente essa vontade de verdade que atravessou tantos séculos da nossa história [...]".

L'Ordre du discours, p.16.

Dominique Janicaud: "Esse *se* é capital: temos a opção de uma outra escala. Foucault não cede a um *páthos* antirracionalista. Para ele, trata-se antes de ampliar o horizonte. Infelizmente, não se pode negar que as reivindicações de validade universal, caras a Habermas, não regraram o curso da história".

A nouveau la philosophie, p.75.

A Estelle Blanc
... Que um conjunto real e verdadeiro
é uma doença das nossas ideias
Pessoa

Sumário

Quando a verdade histórica era tradição e vulgata   19
Pluralidade e analogia dos mundos de verdade   35
Divisão social do saber e modalidades de crença   53
Diversidade social das crenças e balcanização dos cérebros   71
Sob essa sociologia, um programa implícito de verdade   97
Como devolver a verdade etiológica ao mito   117
O mito como "conversa fiada"   131
Pausânias não conseguindo escapar de seu programa   151
Algumas outras verdades: a do falsário, a do filólogo   163
É preciso escolher: ou a cultura ou a crença numa verdade   181

Referências bibliográficas   197

Como é possível acreditar pela metade ou acreditar em coisas contraditórias? As crianças acreditam que Papai Noel traz os brinquedos pela chaminé e que esses brinquedos são colocados ali por seus pais. Elas acreditam realmente em Papai Noel? Sim, e a fé dos dorzes não é menor; para esses etíopes, diz Dan Sperber, "o leopardo é um animal cristão, que respeita os jejuns da Igreja copta, uma observância que, na Etiópia, é o teste principal da religião. O dorze nem por isso se preocupa menos em proteger o gado às quartas e sextas-feiras, dias de jejum, do que nos outros dias da semana. Ele considera verdade que os leopardos jejuam e comem todos os dias; os leopardos são perigosos todos os dias: ele sabe por experiência; eles são cristãos: a tradição lhe garante".

A partir do exemplo da crença dos gregos em seus mitos, propus-me estudar a pluralidade das modalidades de crença: acreditar no que dizem, acreditar por experiência própria etc. Esse estudo me projetou, por duas vezes, um pouco mais além.

Tive de reconhecer que, em vez de falar de crenças, devíamos falar de verdades. E que as verdade eram elas próprias imaginações. Nós não fazemos uma ideia errada das coisas: a verdade das coisas é que, através dos séculos, foi constituída de maneira peculiar. Longe de ser a mais *simples experiência realista, a verdade é a experiência mais histórica de todas. Houve um tempo em que os poetas ou historiadores inventavam de cabo a rabo dinastias reais, com o nome e a árvore genealógica de cada potentado; eles não eram falsificadores e também não agiam de má-fé: eles seguiam o método normal na época para chegar a verdades. Se levarmos essa ideia até o fim, veremos que consideramos verdadeiro, à sua maneira, aquilo que chamamos de ficção, depois que terminamos o livro: a Ilíada ou Alice são verdadeiros, tanto quanto Fustel de Coulanges. Do mesmo modo, consideramos delírios, embora muito interessantes, a totalidade das produções do passado e apenas consideramos verdade, muito provisoriamente, o "último estado da ciência". Cultura é isso.*

Não quero de modo nenhum dizer que a imaginação anuncia as futuras verdades e deveria estar no poder, mas sim que as verdades já são imaginações e a imaginação está no poder desde sempre; ela, e não a realidade, a razão ou o longo trabalho do negativo.

Essa imaginação, como bem sabemos, não é a faculdade psicológica e historicamente conhecida com esse nome; ela não amplia nem em sonho nem profeticamente as dimensões do aquário em que estamos metidos: ao contrário, ela ergue as paredes desse aquário e, fora dele, não existe nada. Nem mesmo as futuras verdades: não poderíamos dar a palavra a elas, portanto. Nesses aquários moldam-se as religiões ou as literaturas, e também as políticas, as condutas e as ciências. Essa imaginação é uma faculdade, mas no sentido kantiano da palavra; ela é transcendental, constitui nosso mundo, não é o fermento ou o demônio dele. Todavia, coisa que faria desmaiar qualquer kantiano responsável, esse transcendental é histórico, porque as culturas se sucedem e não se assemelham. Os homens não encontram a verdade: eles a fazem, assim como fazem sua história, e elas pagam na mesma moeda.

Meus sinceros agradecimentos a Michel Foucault, com quem conversei sobre este livro, a meus colegas da Associação de Estudos Gregos, Jacques Bompaire e Jean Bousquet, e a François Wahl, por suas sugestões e críticas.

Os gregos acreditavam em sua mitologia? A resposta é difícil, porque "acreditar" quer dizer tantas coisas... Nem todos acreditavam que Minos continua a ser juiz[1] nos Infernos, ou que Teseu combateu o Minotauro,[2] e eles sabiam que os poetas "mentem". No entanto, a maneira como eles não acreditam nessas coisas causa certa preocupação; porque não é por isso que Teseu deixa de existir, aos olhos deles; é preciso apenas "depurar o mito pela razão"[3] e reduzir a biografia do companheiro de Hércules ao seu núcleo histórico. Quanto a Minos, Tucídides, ao fim de um prodigioso esforço de pensamento, chegou ao mesmo

---

1 Os mortos continuam a levar debaixo da terra a vida que tinham quando eram vivos. Minos continua a julgar nos Infernos, assim como Órion continua a caçar debaixo da terra (Nilsson, *Geschichte der griech*, v.1, p.677). Não podemos dizer, como Racine, que os deuses fizeram de Minos o juiz dos mortos. Sobre as mentiras conscientes dos poetas, cf. Plutarco, *Quomodo adulescens poetas*, II, p.16 F-17 F.
2 Plutarco, *Vida de Teseu*, 15,2-16,2. Cf. Den Boer, Theseus, the Growth of a Myth in History, *Greece and Rome*, XVI, p.1-13.
3 Plutarco, op. cit., I, 5: "o *mythôdes* depurado pelo *logos*"; a oposição do *logos* ao *mythos* vem de Platão, *Górgias*, 523 A.

núcleo: "De todos que conhecemos por ouvir dizer, Minos foi o mais antigo que teve uma frota";[4] o pai de Fedra, o esposo de Pasífae, é apenas um rei que foi mestre dos mares. A depuração do mítico pelo *logos* não é um episódio da luta eterna, desde as origens até Voltaire e Renan, entre a superstição e a razão, que faria a glória do gênio grego; o mito e o *logos*, apesar de Nestle, não se opõem como o erro e a verdade.[5] O mito era tema de reflexões sérias,[6] e os gregos ainda não haviam chegado a uma conclusão seis séculos depois desse movimento dos sofistas que dizemos ter sido um *Aufklärung* [Iluminismo]. Longe de ser um triunfo da razão, a depuração do mito pelo *logos* é um programa extremamente datado, e o absurdo dele surpreende: por que os gregos procuraram à toa a própria infelicidade, querendo separar o joio do trigo, em vez de rejeitar de uma vez só, na fabulação, tanto Teseu quanto o Minotauro, tanto a própria existência de um certo Minos quanto as inverossimilhanças que a tradição empresta a esse fabuloso Minos? Veremos a amplitude do problema quando descobrirmos que essa atitude diante do mito durou dois longos milênios; num livro de história em que as verdades da religião cristã e as realidades do passado se apoiam mutuamente, *Discurso sobre a história universal,* Bossuet retoma a cronologia mítica a sua maneira, afinando-a pela cronologia sagrada, desde a criação do mundo, e assim pode datar, "pouco depois de Abimelec", os "famosos combates de Hércules, filho

---

4 Tucídides, I, 4, 1; "conhecer por ouvir dizer" é conhecer pelo mito; comparar, por exemplo, Pausânias, VIII, 10, 2. Heródoto, III, 122, fazia a mesma ideia de Minos. Cf. Aristóteles, *A política*, 1271 B 38.
5 Nestle, *Vom Mythos zum Logos*. Outro livro importante para as diferentes questões que estudamos aqui é o de Forsdyke, *Greece before Homer*.
6 Rostagni, *Poeti alessandrini*, p.148 e 264. A prova: a exegese histórica ou naturalista dos mitos, por Tucídides ou Éforo, a exegese alegórica dos estoicos e dos retóricos, o evemerismo, a estilização romanesca dos mitos pelos poetas helenísticos.

Os gregos acreditavam em seus mitos?

de Anfitríon",[7] e a morte de "Sarpédon, filho de Júpiter". O que o bispo de Meaux tinha em mente no instante em que escreveu isso? O que temos em mente quando acreditamos em coisas contraditórias, como fazemos constantemente na política ou em relação à psicanálise? É como os nossos folcloristas diante do tesouro das lendas ou Freud diante da verborragia do presidente Schreber: o que fazer com essa massa de quimeras? Como tudo isso não teria um sentido, uma motivação, uma função ou, ao menos, uma estrutura? A questão de saber se as fábulas têm um conteúdo autêntico nunca se coloca em termos positivos: para saber se Minos existiu, temos de decidir se os mitos são apenas contos vazios ou se são história alterada; nenhuma crítica positivista consegue dar conta da fabulação e do sobrenatural.[8] Então, como podemos deixar de acreditar nas lendas? Como deixamos de acreditar em Teseu, fundador da democracia ateniense, em Rômulo, fundador de Roma, e na historicidade dos primeiros séculos da história romana? Como deixamos de acreditar nas origens troianas da monarquia franca?

Nos tempos modernos, vemos essas coisas com mais clareza graças ao belo livro de George Huppert sobre Estienne Pasquier.[9] A história tal como a concebemos nasceu não quando a crítica a inventou, pois ela já existia muito tempo antes, mas no dia em que a profissão de crítico e a de historiador se tornaram uma só: "A pesquisa histórica foi praticada, durante séculos, sem

---

7 Citado por Couton num importante estudo sobre os pensamentos de Pascal contra a tese dos três impostores (Les pensées de Pascal contre la thèse des Trois Imposteurs, *XVIIe siècle*, XXXII, p.183).
8 Como dizia Renan, basta admitir o sobrenatural para não poder mais demonstrar a inexistência de um milagre. Basta ter interesse em acreditar que Auschwitz não aconteceu para que todos os testemunhos sobre Auschwitz se tornem inacreditáveis. Ninguém também nunca demonstrou que Júpiter não existia. Cf. os exemplos das notas 11 e 27.
9 Huppert, *L'idée de l'histoire parfaite*, p.7.

afetar seriamente a maneira de escrever a história, sendo as duas atividades estranhas uma à outra, às vezes no espírito de um mesmo homem". Não aconteceu o mesmo na Antiguidade e não existe um caminho real da razão histórica, o único e o mesmo em todas as épocas? Tomamos como fio condutor uma ideia de A. D. Momigliano: "O método moderno de pesquisa histórica é inteiramente fundado na distinção entre fontes originais e fontes de segunda mão".[10] Não é de toda certeza que essa ideia de um grande erudito seja correta; acredito que seja até não pertinente. Mas tem o mérito de colocar, ainda que por oposição, um problema de método, e tem as aparências a seu favor. Pensamos em Beaufort ou Niebuhr, cujo ceticismo relativo aos primeiros séculos da história de Roma se funda na ausência de fontes e documentos contemporâneos sobre essas eras distantes, ou ao menos se justificava por essa ausência.[11]

A história das ciências não é a da descoberta progressiva do método correto e das verdades verdadeiras. Os gregos têm uma maneira própria de acreditar em sua mitologia ou de ser céticos, e essa maneira aparece apenas falsamente com a nossa. Eles têm também sua maneira de escrever história, que não é a nossa;

---

10 Citado por Huppert, op. cit., nota 1, p.7. Os vários ensaios de A. D. Momigliano relativos a esses problemas de história e método de historiografia podem ser encontrados comodamente em suas duas coletâneas: *Studies in Historiography* e *Essays in Ancient and Modern Historiography*.

11 Se quisermos ver quão pouca serventia têm o "rigor", o "método" e a "crítica das fontes" nesses domínios, basta citar estas linhas, com as quais, ainda em 1838, J.-V. Le Clerc tenciona refutar Niebuhr: "Proscrever a história de um século, porque ela se ocupa de fábulas, é proscrever a história de todos os séculos. Os primeiros séculos de Roma são suspeitos por causa da loba de Rômulo, dos escudos de Numa, da aparição de Castor e Pólux. Apague-se então da história romana toda a história de César, por causa do astro que apareceu no dia de sua morte, e a de Augusto, já que o diziam filho de Apolo disfarçado de serpente" (*Des journaux chez les romains*, p.166). Vemos por aí que o ceticismo de Beaufort e Niebuhr não tinha como fundamento a distinção das fontes primárias e de segunda mão, mas a crítica bíblica dos pensadores do século XVIII.

ora, essa maneira se baseia num pressuposto implícito, de modo que a distinção das fontes originais e das fontes de segunda mão, longe de ser ignorada por um vício de método, é estranha à questão. Pausânias é um exemplo como outro qualquer, e nós o citaremos com frequência.

Esse Pausânias não é um espírito que se possa subestimar, e não lhe fazemos justiça quando dizemos que sua *Descrição da Hélade* foi o Baedeker da Grécia Antiga. Pausânias tem a mesma categoria de um filólogo ou arqueólogo alemão da época dourada; para descrever os monumentos e contar a história das diferentes regiões da Grécia, ele vasculhou bibliotecas, viajou muito, cultivou-se, viu tudo com os próprios olhos;[12] ele recolhe de viva voz as lendas locais com tanto entusiasmo quanto um erudito provincial dos tempos de Napoleão III; a precisão das indicações e a amplitude das informações surpreendem, assim como a segurança do olhar (de tanto observar esculturas e investigar datas, Pausânias aprendeu a datar a estatuária por critério estilístico). Enfim, Pausânias era obcecado pelo problema do mito e debateu-se com esse enigma, como veremos.

12 Os estudiosos de antigamente se perguntaram se Pausânias não teria viajado sobretudo nos livros; podemos afirmar que estavam enganados: Pausânias trabalhou sobretudo em campo. Cf. o trecho extremamente vívido de Ernst Meyer em sua tradução resumida de Pausânias: *Pausanias, Beschreibung Griechenlands*, p.42. Sobre Pausânias, cf. por último Müller, *Geschichte der antiken Ethnographie*, v.2, p.176-80.

Quando a verdade histórica era tradição e vulgata

Existe uma boa razão para que o historiador antigo raramente nos dê ocasião de saber se ele distingue fontes primárias e informação de segunda mão: o historiador antigo não cita suas fontes, ou melhor, cita-as raramente, irregularmente e não pelas mesmas razões que nos fazem citá-las. Ora, se procurarmos o que esse silêncio implica, e se seguirmos o fio das consequências, toda a meada virá junto: veremos que a história tinha apenas o nome em comum com a que conhecemos. Não quero dizer que ela era imperfeita e ainda tinha muito que progredir para se tornar completamente a ciência que seria desde sempre: em seu gênero, ela era tão bem acabada, como meio de dar fé, quanto o nosso jornalismo, com o qual ela tem muitas semelhanças. Essa "parte oculta do *iceberg*" daquilo que foi outrora a história é tão grande que... não é o mesmo *iceberg*.

O historiador antigo não "insere notas em pé de página". Quer faça pesquisas originais, quer trabalhe de segunda mão, ele quer que acreditem em sua palavra; a menos que se orgulhe de ter descoberto um autor pouco conhecido ou queira divulgar um texto raro e precioso, que para ele é mais uma espécie de monumento do que uma fonte.¹³ Na maioria das vezes, Pausânias se contenta em dizer: "soube que...", ou "segundo meus informantes...", e esses informantes ou exegetas eram tanto fontes escritas quanto informações dadas de viva voz por

---

13 Em Pausânias, expressões como "as pessoas da região dizem..." ou "os tebanos contam..." podem muito bem corresponder ao que chamaríamos de fonte escrita; no entanto, para Pausânias, esse escrito não é uma fonte: sua fonte é a tradição, evidentemente oral, da qual ele é apenas uma transcrição. Em suas investigações árcades (VIII, 10, 2), Pausânias declara, por exemplo: "Soube disso por *akoé*, por ouvir dizer, e todos os meus predecessores também"; do mesmo modo, é por *akoé* que se conhece a história de Tirésias (IX, 33, 2); isso quer dizer que Pausânias e seus predecessores (que consideraríamos as fontes de Pausânias) não viram a coisa com os próprios olhos (cf. IX, 39, 14), mas apenas transcreveram o que dizia a tradição oral; como podemos ver, Pausânias distingue muito bem a fonte primária (*akoé*) e as fontes secundárias. Nós conhecemos seus predecessores: Pausânias menciona incidentemente e uma única vez, no início de suas investigações árcades, um poeta épico, Ásios, que ele leu muito e cita com bastante frequência em outros lugares (VIII, 1, 4: "Há estes versos de Ásios sobre esse assunto"; sete linhas antes, Pausânias escreveu: "Os árcades dizem que..."). Ásios reproduz, diríamos nós, as tradições árcades. A única verdadeira fonte, para Pausânias, é o testemunho dos contemporâneos do acontecimento, daqueles que assistiram à coisa; portanto, é uma perda irreparável que esses contemporâneos não transmitam por escrito o que viram (I, 6, 1); cf. também Flávio Josefo, *Guerra judaica*, I, prefácio, 5, 15. Essa fonte, oral ou escrita, os historiadores apenas a reproduzem; eles estabelecem incessantemente a versão correta do acontecimento. A coisa é evidente, tanto assim que eles somente citam suas fontes se divergem dela (por exemplo, Pausânias, I, 9, 8, cita Jerônimo de Cárdia apenas quando diverge dele a respeito de um detalhe). A verdade é anônima, somente o erro é pessoal. Em certas sociedades, esse princípio vai longe; cf. o que escreve Renan sobre a formação do Pentateuco (*Oeuvres complètes*, v.6, p.520): "A alta Antiguidade não tinha a ideia da autenticidade do livro; todos queriam que seu exemplar fosse completo e faziam todos os acréscimos necessários para mantê-lo atual. Nessa época, não se recopiava um texto: ele era refeito, combinando-se com outros documentos. Todo livro era composto com uma objetividade absoluta, sem título, sem nome de autor, incessantemente transformado, recebendo acréscimos sem fim". Nos dias atuais, na Índia, edições populares dos Upanishads, que têm um ou dois milênios, são publicadas e ingenuamente completadas para serem verdadeiras: elas

sacerdotes ou eruditos locais que ele conhecia em suas viagens.[14] Esse silêncio sobre as fontes não deixa de ser curioso... e levou à *Quellenforschung* [estudo das fontes]. Voltemos então a Estienne Pasquier, cujas *Recherches de la France* [Investigações da França] apareceram em 1560. Antes da publicação, diz G. Huppert,[15] Pasquier fez circular o manuscrito entre amigos; a crítica que lhe fizeram tinha a ver, na maioria das vezes, com o hábito de fornecer com muita frequência as referências das fontes citadas por ele; esse procedimento, como o fizeram observar, lembrava demais "a sombra das escolas" e não convinha a uma obra de história. Era realmente necessário que ele confirmasse cada vez "seu dizer por um autor antigo qualquer"? Se se tratava de dar autoridade e credibilidade à narrativa, o tempo se encarregaria disso; afinal, as obras dos antigos não se entulhavam de citações e, no entanto, sua autoridade fora confirmada com o tempo; que Pasquier deixasse seu livro ser sancionado pelo tempo!

Essas linhas singulares mostram o abismo que separa nossa concepção da história de uma outra concepção, que foi a de todos os historiadores da Antiguidade e era ainda a dos contemporâneos de Pasquier. Segundo essa concepção, a verdade histórica é uma vulgata que a aprovação dos espíritos consagra ao longo dos séculos; essa aprovação sanciona a verdade, assim como

---

mencionam a descoberta da eletricidade. Não se trata de uma falsificação: quando se completa ou corrige um livro simplesmente verdadeiro, como uma lista telefônica, não se comete falsificação. Em outras palavras, o que está em jogo aqui não é a noção de verdade, mas a noção de autor. Cf. também Peter, *Wahrheit und Kunst*, p.436. Sobre o conhecimento histórico por ouvir dizer, cf. Hartog, *Le miroir d'Hérodote*, p.272 et seq.

14 Os informantes ("exegetas") que Pausânias menciona cerca de vinte vezes não foram todos cicerones do nosso autor: por "exegetas", Pausânias designa também suas fontes escritas (Meyer, op. cit., p.37, citando I, 42, 4). Sobre esses exegetas, cf. também Kroll, *Studien zum Verständnis der römischen Literatur*, p.313. Ver nota 159.

15 Huppert, *L'idée de l'histoire parfaite*, p.36.

sanciona a reputação dos escritores considerados clássicos ou, imagino, a tradição da Igreja. Em vez de estabelecer a verdade à custa de referências, Pasquier deveria aguardar ser reconhecido como texto autêntico; pondo notas de pé de página, dando provas como fazem os juristas, ele tentou indiscretamente forçar o consenso da posteridade sobre a sua obra. Em tal concepção da verdade histórica, não se pode afirmar que a distinção das fontes primárias e secundárias é negligenciada, ou que é desconhecida e ainda não foi descoberta: ela simplesmente não tem nem sentido nem uso e, se apontássemos aos historiadores antigos seu suposto esquecimento, eles retrucariam que não há a mínima necessidade dessa distinção. Não digo que não estivessem errados, mas apenas que, a concepção da verdade deles não sendo a nossa, essa lacuna não poderia ser uma explicação.

Se queremos compreender essa concepção da história como tradição ou vulgata, podemos compará-la à maneira muito semelhante como os autores antigos ou mesmo os *Pensamentos* de Pascal eram editados há não mais do que um século e meio. O que se imprimia era o texto recebido, a vulgata; o manuscrito de Pascal estava à disposição de qualquer editor, mas eles não iam consultá-lo na Biblioteca do Rei: eles reimprimiam o texto tradicional. Os editores de textos latinos e gregos recorriam aos manuscritos, mas não determinavam a árvore genealógica dessas cópias, não procuravam estabelecer o texto sobre bases inteiramente críticas, fazendo tábua rasa: eles pegavam um "bom manuscrito", enviavam-no ao tipógrafo e limitavam-se a melhorar detalhes do texto tradicional, recorrendo a outro manuscrito que tivessem consultado ou descoberto; eles não restabeleciam o texto, mas completavam ou melhoravam a vulgata.

Quando contam a guerra do Peloponeso ou os séculos lendários da história mais antiga de Roma, os historiadores antigos recopiam uns aos outros. Não porque estivessem reduzidos a isso, por falta de outras fontes e documentos autênticos; nós mesmos, que dispomos de ainda menos documentos e estamos

Os gregos acreditavam em seus mitos?

reduzidos às afirmações desses historiadores, não acreditamos neles. Nós os vemos como simples fontes, ao passo que eles consideravam uma tradição a versão transmitida por seus predecessores. Ainda que pudessem, não tentariam restabelecer essa tradição, mas apenas melhorá-la. De resto, nos períodos em que dispunham de documentos, eles não os utilizaram ou, se os utilizaram, fizeram-no muito menos do que faríamos, e de maneira muito diferente.

Tito Lívio e Dionísio de Halicarnasso contaram, impassivelmente, os quatro séculos obscuros da história primitiva de Roma, reunindo tudo que afirmaram seus predecessores, sem se perguntar: "É verdade?", e limitando-se a cortar os detalhes que lhes pareceram falsos ou, melhor, inverossímeis e fabulosos; eles presumiam que o predecessor dizia a verdade. Esse predecessor podia ser vários séculos posterior aos acontecimentos contados por ele, Dionísio ou Tito Lívio nunca se fizeram esta pergunta, que nos parece tão simples: "Mas como ele sabe disso?". Eles supunham que esse predecessor tinha ele próprio predecessores, e o primeiro deles fora contemporâneo dos acontecimentos? Absolutamente; eles sabiam pertinentemente que os historiadores mais antigos de Roma eram quatro séculos posteriores a Rômulo, e não se preocupavam com isso: a tradição existia e era a verdade, e acabou-se. Se soubessem como essa tradição primitiva se formou entre os primeiros historiadores de Roma, quais fontes, quais lendas e quais recordações se fundiram em seu cadinho, eles veriam apenas a pré-história da tradição: não a considerariam um texto mais autêntico; o material de uma tradição não é a própria tradição. Esta se apresenta sempre como um texto, uma narrativa incontestável: a história nasce como tradição e não se elabora a partir de fontes; vimos que, segundo Pausânias, a recordação de uma época se perde para sempre se aqueles que são próximos dos grandes descuidam de relatar a história do período; no prefácio da *Guerra judaica*, Flávio Josefo considera que o historiador mais louvável é o que narra os acontecimentos de sua época para o uso da posteridade. Por que é um mérito maior escrever uma história contemporânea do que uma história dos séculos passados? Porque o passado já tem seus historiadores, ao passo que a época contemporânea espera um historiador que se faça fonte histórica e estabeleça a tradição. Como podemos ver, um historiador antigo não utiliza fontes e documentos: ele próprio é fonte e documento; ou antes, a história não se elabora a partir de fontes: ela consiste em reproduzir o que os historiadores disseram dela, corrigindo ou completando eventualmente o que eles nos ensinam.

Às vezes acontece que um historiador antigo assinale que suas "autoridades" apresentam divergências sobre um ponto qualquer, ou mesmo que declare que desiste de saber qual é a verdade a respeito desse ponto, tantas são as diferenças entre as versões. Mas essas manifestações de espírito crítico não constituem um corpo de provas e variantes que subentende todo o texto, à semelhança do corpo de referências que ocupa o rodapé de todas as nossas páginas de história: são unicamente pontos insolúveis ou duvidosos, detalhes suspeitos. O historiador antigo acredita acima de tudo, e só duvida dos detalhes quando não pode mais acreditar.

Também acontece que um historiador cite ou transcreva um documento, ou descreva um objeto arqueológico. Ele o faz ou para acrescentar um detalhe à tradição, ou para ilustrar sua narrativa e abrir um parêntese por consideração ao leitor. Em uma passagem do Livro IV, Tito Lívio faz as duas coisas ao mesmo tempo. Ele se pergunta se Cornelius Cossus, que matou o rei etrusco de Veii em combate singular, era tribuno, como afirmavam todas as suas autoridades, ou se era cônsul, e ele escolhe a segunda opção, porque a inscrição sob a couraça desse rei, consagrada num templo pelo vencedor Cossus, diz que ele era cônsul:

Eu mesmo ouvi de Augusto, que fundou ou restaurou todos os templos, que ao penetrar nesse santuário em ruínas ele leu a palavra cônsul escrita na couraça de linho do rei; por isso eu consideraria quase um sacrilégio privar Cossus e seu troféu do testemunho do imperador em pessoa.

Tito Lívio não procurou documentos: encontrou um por acaso ou, melhor, recebeu o testemunho do imperador, e esse documento é menos uma fonte de conhecimento do que uma curiosidade arqueológica ou uma relíquia, na qual o prestígio do imperador se soma ao de um herói do passado. Muitas vezes, os historiadores de outrora, e mesmo os de hoje, citam monumentos ainda visíveis do passado menos como provas do que dizem do que como ilustrações que recebem luz e brilho da história, muito mais do que aclaram a própria história.

Visto que um historiador é uma autoridade para seus sucessores, acontecerá de ele ser criticado por seus sucessores. Não que eles refaçam o trabalho desde a base, mas apontam e corrigem erros nele; eles não reconstroem, mas retificam. Ou o desancam, pois a lista de erros pode ser um processo de intenção por amostragem. Em resumo, não se critica uma interpretação de conjunto ou de detalhe, mas se pode tentar demolir uma reputação, minar uma autoridade não merecida; a narrativa de Heródoto merece ser considerada uma autoridade ou Heródoto era um mentiroso? Em matéria de autoridade e tradição, é como em matéria de ortodoxia: é tudo ou nada.

O historiador antigo não cita suas autoridades porque ele próprio se sente uma autoridade em potencial. Gostaríamos de saber de onde Políbio tirou tudo que sabe. E, mais ainda, quando sua narrativa ou a de Tucídides adquirem uma beleza de épura e parecem mais verdadeiras do que a verdade, porque são condizentes com uma racionalidade política ou estratégica. Quando um texto é uma vulgata, é tentador confundir o que o autor escreveu materialmente e o que ele teve de escrever para ser digno dele mesmo; quando uma história é uma vulgata, distingue-se mal o que aconteceu efetivamente do que não pôde não acontecer, em nome da verdade das coisas; todo acontecimento se conforma a seu tipo e é por isso que a história dos séculos obscuros de Roma é cheia de narrativas muito detalhadas, cujos detalhes estão para a realidade, assim como as restaurações à Viollet-le--Duc estão para a autenticidade. Como veremos, tal concepção da reconstituição histórica oferecia facilidades aos falsificadores que a historiografia universitária não oferece mais.

Se é permitido fazer uma suposição sobre o local de nascimento desse programa de verdade em que a história é uma vulgata, acreditamos que o respeito dos historiadores antigos pela tradição transmitida a eles por seus predecessores vem do fato de que, na Grécia, a história nasceu não da controvérsia, como entre nós, mas da investigação (aliás, esse é o sentido da palavra grega *historía*). Quando alguém investiga (seja viajante, geógrafo, etnógrafo ou repórter), ele só pode dizer: "Aqui está o que constatei, aqui está o que me disseram nos meios geralmente bem informados"; seria inútil acrescentar a lista dos informantes: quem ia verificar? Do mesmo modo, não é pelo respeito às fontes que julgamos um jornalista, mas pela crítica interna, ou por um detalhe em que o pegamos por acaso em flagrante delito de erro ou parcialidade. As linhas singulares de Estienne Pasquier não teriam mais nada de singular se fossem atribuídas a um de nossos repórteres, e poderíamos nos divertir fazendo analogias entre os historiadores antigos e a deontologia ou a metodologia da profissão de jornalista. Em nossa sociedade, um repórter não acrescentaria nada a sua credibilidade se especificasse inutilmente a identidade de seus informantes; julgamos seu valor por critérios internos: basta lermos seus artigos para sabermos se ele é inteligente, imparcial, preciso, se possui uma cultura geral sólida. É justamente dessa maneira que Políbio, em seu Livro XII, julga e condena seu predecessor Timeu; ele não discute por peças probatórias, exceto em um caso (a fundação de Locros), em que Políbio, por um feliz acaso, pôde seguir os passos de Timeu. Um bom historiador, diz Tucídides, não aceita cegamente todas as tradições que lhe relatam: ele deve saber verificar a informação, como dizem os nossos repórteres.[16] Mas o historiador não revela todas essas manobras aos seus leitores. E menos ainda se for exigente consigo; Heródoto se diverte relatando as diferentes tradições contraditórias que recolheu; Tucídides quase nunca faz isso: ele relata apenas aquela considerada a verdadeira;[17] ele assume a responsabilidade. Quando afirma categoricamente que os atenienses estão enganados a respeito da morte dos Pisistrátidas e dá a versão que considera a verdadeira,[18] ele se limita a afirmar, não fornece nenhum rudimento de prova. Aliás, não conseguimos ver como ele poderia dar a seus leitores os meios de verificar suas afirmações.

Os historiadores modernos propõem uma interpretação dos fatos e dão meios ao leitor de verificar a informação e formular uma outra interpretação; os historiadores antigos verificam eles mesmos e não deixam esse trabalho para o leitor: esse é o ofício deles. Apesar do que se diz, eles distinguiam muito bem a fonte primária (testemunho visual ou, na falta dele, tradição) e as fontes de segunda mão, mas guardavam esses detalhes para eles. Porque seus leitores não eram historiadores, assim como os leitores de jornal não são jornalistas: tanto estes como aqueles confiam no profissional.

Quando e por que a relação do historiador com seus leitores mudou? Quando e por que ele começou a fornecer suas referências? Não sou um grande especialista em história moderna, mas alguns detalhes chamam a minha atenção. Gassendi não dá referências em seu *Syntagma philosophiae Epicureae*; ele parafraseia ou aprofunda Cícero, Hermarco, Orígenes, sem que o leitor

---

16 Tucídides, I, 20-2.
17 Momigliano, *Studies in Historiography*, p.214.
18 Tucídides, I, 20, 2.

possa saber se está diante do pensamento do próprio Epicuro ou de Gassendi: é que este último não faz erudição, mas quer ressuscitar o epicurismo em sua verdade eterna e, com ela, a seita epicurista. Em compensação, em sua *Histoire des variations des Églises protestantes* [Histórias das variações das igrejas protestantes], Bossuet dá suas referências, e Jurieu também as dará em suas réplicas, mas ambas são obras de controvérsia.

A palavra foi dada: o hábito de citar suas autoridades, a anotação erudita, não foi uma invenção dos historiadores, mas vêm das controvérsias teológicas e da prática jurídica, em que se alegavam as Escrituras, as Pandectas ou as peças do processo; na *Summa contra gentiles*, santo Tomás não remete às passagens de Aristóteles, porque assume a responsabilidade de as reinterpretar e as considera a própria verdade, que é anônima; em compensação, ele cita as Escrituras, que é Revelação e não verdade da anônima razão. Em seu admirável comentário do *Código teodosiano*, em 1695, Godefroy fornece suas referências: esse historiador do Direito, como se diz, considerava-se um jurista e não um historiador. Em resumo, a anotação erudita tem uma origem chicaneira e polêmica: as provas eram jogadas na cara um do outro, antes de ser compartilhadas com os demais membros da "comunidade científica". O grande motivo disso é a ascensão da Universidade, com seu monopólio cada vez mais exclusivo sobre a atividade intelectual. A causa é econômica e social; não existem mais rentistas da terra, que vivem do ócio, como Montaigne ou Montesquieu, e também não é mais honroso depender de um grande, em vez de trabalhar.

Ora, na Universidade, o historiador não escreve mais para simples leitores, como fazem os jornalistas ou os "escritores", mas para os outros historiadores, seus colegas, o que não era o caso dos historiadores da Antiguidade. Assim, estes têm, diante do rigor científico, uma atitude aparentemente laxista, que nos surpreende ou choca. Chegando ao oitavo dos dez livros que compõem sua grande obra, Pausânias escreve:

Os gregos acreditavam em seus mitos?

No princípio das minhas investigações, eu via apenas tola credulidade em nossos mitos; mas agora que as minhas investigações dizem respeito à Arcádia fiz-me mais prudente. De fato, na época arcaica, aqueles que chamamos sábios exprimiam-se antes por enigmas que às claras, e suponho que as lendas relativas a Cronos têm um pouco dessa sabedoria.

Essa confissão tardia informa-nos, retrospectivamente, que Pausânias não acreditou em uma palavra das inúmeras lendas inverossímeis que ele relatou impassivelmente nas seiscentas páginas precedentes. Pensamos em outra confissão não menos tardia, a de Heródoto, no fim do sétimo de seus nove livros: os argivos traíram a causa grega em 480 e aliaram-se aos persas, que diziam ter o mesmo ancestral mítico que eles, ou seja, Perseu? "Da minha parte", escreve Heródoto, "meu dever é dizer o que me disseram, e não acreditar em tudo, e o que acabo de declarar aqui vale para o resto da minha obra".[19]

Se um historiador moderno apresentasse à comunidade científica fatos ou lendas em que ele mesmo pouco acreditasse, ele atentaria contra a probidade da ciência. Os historiadores antigos têm, se não uma ideia diferente da probidade, ao menos leitores diferentes, que não são profissionais e formam um público tão heterogêneo quanto o de um jornal; assim, eles têm um direito e mesmo um dever de ressalva e dispõem de certa margem de manobra. A verdade não se expressa pela boca deles: compete ao leitor formar para si a ideia dessa verdade. Essa é uma das numerosas particularidades pouco visíveis que revelam que, apesar de grandes semelhanças, o gênero histórico entre os antigos é muito diferente daquilo que é entre os modernos. O

---

19 Pausânias, VIII, 8, 3; Heródoto, VII, 152, 3. Cf. Latte, Histoire et historiens de l'Antiquité, *Entretiens sur l'Antiquité classique*, IV, p.11. Em III, 9, 2, Heródoto relata duas versões, não acredita muita na segunda, mas "fala dela mesmo assim, já que falam dela"; o que dizem já tem uma espécie de existência.

público dos historiadores antigos é compósito; alguns leitores procuram diversão, outros leem a história com olhos mais críticos, alguns até são profissionais da política ou da estratégia. Cada historiador faz a sua escolha: escrever para todos, misturando as diversas categorias de leitores, ou se especializar, como Tucídides e Políbio, na informação tecnicamente segura, que fornecerá dados sempre utilizáveis para os políticos e os militares. Mas a escolha existia; além disso, a heterogeneidade do público dava certa margem ao historiador: ele podia apresentar a verdade com cores mais fortes ou mais suaves, a seu gosto, sem traí-la por isso. Assim, não deve nos surpreender ou escandalizar a carta, muito comentada pelos modernos, em que Cícero pede para Luceio "realçar as ações de seu consulado", talvez mais do que ele fez, e "não levar muito em conta a lei do gênero histórico"; simples questão de camaradagem, que não excede o que se poderia pedir sem muita desonestidade a um jornalista, que terá sempre parte do público a seu favor.

Por trás das aparentes questões de método científico ou probidade desenha-se outra, a da relação do historiador com seus leitores. Momigliano julga, no entanto, que no Baixo Império surgiu uma nova atitude diante dos documentos, e essa nova atitude anunciaria o método correto da história cientificamente conduzida: a *História augusta* e, sobretudo, a *História eclesiástica* de Eusébio são a prova de um *new value attached to documents*.[20] Confesso que essas obras me deram uma impressão bastante diferente: a *História augusta* não cita suas fontes, transcreve de quando em quando, a título de peça curiosa e monumento da Antiguidade, um texto saído de uma pluma célebre, coisa que os alexandrinos já faziam. Eusébio faz o mesmo; além do mais, ele transcreve não propriamente suas fontes, mas excertos: compila "narrativas parciais", como ele mesmo diz nas primeiras

---

20 Momigliano, *Essays in Ancient and Modern Historiography*, p.145; *Studies in Historiography*, p.217. [Trad.: "novo valor atribuído aos documentos". – N. E.]

linhas de sua história. Incluir trechos preciosos e se poupar do trabalho de redigir a história de próprio punho, recopiando seus predecessores: longe de demonstrar uma atitude nova, Eusébio confirma "a objetividade absoluta", segundo Renan,[21] com que a Antiguidade tardia considerava o livro de história. O método dos excertos em massa já é empregado por Porfírio (que desse modo nos conservou textos de Teofrasto ou Hermarco), e Eusébio também recorre a ele em sua *Preparação evangélica* (o que nos permite ler Enomau, o Cínico, ou o peripatético Diogenianos). Apagar-se diante da objetividade: de fato, antes da era da controvérsia, e antes da era de Nietzsche e Max Weber, os fatos existem. Um historiador não deve nem interpretar (já que os fatos existem) nem provar (já que os fatos não estão em jogo numa controvérsia): basta relatar os fatos, seja como "repórter", seja como compilador. O historiador não precisa de dons intelectuais prodigiosos para isso; basta ter as três virtudes de todo bom jornalista: diligência, competência e imparcialidade. Ele deverá se informar diligentemente pelos livros, ou pelas testemunhas, se elas ainda existirem, ou então recolhendo tradições, "mitos"; sua competência em assuntos políticos, assim como em estratégia e geografia, permitirá que ele compreenda as ações dos homens públicos e critique suas informações; sua imparcialidade impedirá que ele minta por comissão ou

---

21 Cf. nota 13, a respeito dessa expressão de Renan. Os textos curiosos que a *História augusta* cita são falsos, como todos sabem; mas é o pastiche da predileção que toda a Antiguidade helenística e romana tinha pelas coleções de curiosidades de toda espécie. Suetônio ou Diógenes Laércio citam igualmente cartas de Augusto ou testamentos de filósofos, não para estabelecer os fatos, mas como peças curiosas e raras; o documento é um fim em si e não um meio; esses autores não tiram nenhuma conclusão e nenhum argumento das peças que eles citam e que não são de modo algum "peças justificativas". Sobre a maneira de citar de Porfírio no *De abstinentia*, cf. Pötscher, *Theophrastos, Peri Eusebeias*, p.12 e 120; cf. Diodoro, II, 55-60, citando ou transcrevendo Iamboulos. Cf. também Hadot, *Porphyre et Victorinus*, v.1, p.33.

omissão. O trabalho e as virtudes do historiador fazem que ele acabe sabendo a verdade sobre o passado, ao contrário do povo; pois, diz Pausânias:

contam muitas coisas não verdadeiras no povo, que não entende nada de história e acredita que é digno de fé o que ouviu desde a infância nos coros e nas tragédias. Contam essas coisas a respeito de Teseu, por exemplo; mas, na realidade, Teseu foi um rei que subiu ao trono depois da morte de Menesteu, e seus descendentes conservaram o poder até a quarta geração.[22]

Como podemos ver, Pausânias separou o joio do trigo; ele extraiu da lenda de Teseu o núcleo autêntico. Como ele o extraiu? Por intermédio do que chamaremos de doutrina das coisas atuais: o passado é semelhante ao presente ou, se preferirmos, o maravilhoso não existe; ora, nos dias atuais, não se veem homens com cabeça de touro e existem reis; portanto, o Minotauro nunca existiu e Teseu foi simplesmente um rei. Pausânias não duvida da historicidade de Teseu, e Aristóteles, cinco séculos antes, também não duvidava.[23] Antes de adotar a atitude crítica que reduz o mito ao verossímil, a atitude do grego médio era diferente: conforme o seu humor, ele via a mitologia como

---

22 Pausânias, I, 3, 3.
23 Assim como Tucídides (II, 15), Aristóteles não duvida da historicidade de Teseu; ele vê em Teseu o fundador da democracia ateniense (*Constituição de Atenas*, XLI, 2) e reduz à verossimilhança o mito das crianças atenienses deportadas para Creta e entregues ao Minotauro (*Constituição dos bottiéens*, citado por Plutarco, *Vida de Teseu*, 16, 2); quanto ao Minotauro, o historiador Filocoro, mais de quatro séculos antes de Pausânias, também o reduziu à verossimilhança: ele afirmava ter recolhido dos cretenses uma tradição (oral ou transcrita, ele não especifica), segundo a qual essas crianças não eram devoradas pelo Minotauro, mas dadas como prêmio aos atletas que venceram uma competição de ginástica. Esse concurso foi ganho por um homem cruel e muito forte que se chamava Touro (apud Plutarco, op. cit., 16, 1).

contos de velhas crédulas, ou então, diante do maravilhoso distante, tinha uma atitude tal que a questão da historicidade ou da ficção não fazia sentido.

A atitude crítica de Pausânias, de Aristóteles e mesmo de Heródoto[24] consiste em ver no mito uma tradição oral, uma fonte histórica, que se deve criticar; é um método excelente, mas criou um falso problema, do qual os antigos não conseguiram se livrar em mil anos; foi necessária uma mutação histórica, o cristianismo, para fazê-los não resolver, mas esquecer esse problema. A problemática era a seguinte: a tradição mítica transmite um núcleo autêntico que, no decorrer dos séculos, cercou-se de lendas; apenas as lendas causam dificuldade, não o núcleo. Foi a propósito dessas adjunções lendárias, e somente delas, que o pensamento de Pausânias evoluiu, como vimos.[25]

A crítica das tradições míticas é, portanto, uma questão mal colocada; um Pausânias é falsamente parecido com o nosso Fontenelle, que, em vez de separar o joio do trigo, julgava que tudo era falso nas lendas.[26] E, apesar das aparências, a crítica antiga do mito não é menos falsamente parecida com a nossa; nós louvamos nas lendas uma história aumentada pelo "gênio popular"; para nós, um mito é a ampliação épica de um grande acontecimento, como a "invasão dórica"; mas, para um grego, o

---

24 Heródoto, III, 122: "Polícrates é, dos gregos que conhecemos, o primeiro que sonhou com a soberania marítima, com exceção de Minos de Cnossos e outros, se é que existiram, que antes dele reinaram sobre o mar; porém, desde os tempos das gerações que chamamos humanas, Polícrates foi o primeiro". Na *Ilíada*, o que se chamou racionalismo homérico limita às gerações míticas a intervenção dos deuses nos assuntos humanos.
25 Pausânias, VIII, 8, 3; para os gregos, não existe o problema do mito; existe apenas o problema dos elementos inverossímeis contidos no mito. Essa crítica do mito começa desde Hecateu de Mileto (que já zombava das coisas ridículas que os helenos contavam: fr. 1 Jacoby); cf., no próprio Pausânias, III, 25, 5, a crítica de Hecateu ao mito de Cérbero.
26 Hitzig, Zur Pausaniasfrage. In: Philologischen Kränzchens, *Festschrift des philologischen Kränzchens in Zürich zu der in Zürich im Herbst 1887 tagenden 39*, p.57.

mesmo mito é uma verdade alterada pela ingenuidade popular; como núcleo autêntico, ele tem detalhezinhos que são verdadeiros, porque não têm nada de maravilhoso, como, por exemplo, o nome e a genealogia dos heróis.

O paradoxo é tão conhecido que convém insistir: se professamos que em geral as lendas transmitem recordações coletivas, acreditamos na historicidade da guerra de Troia; se consideramos que são ficção, não acreditamos nelas e interpretamos de outra maneira os dados absolutamente equívocos das escavações arqueológicas. As questões de método e positividade pressupõem uma questão mais fundamental:[27] o que é o mito? É história alterada? É história aumentada? Uma mitomania coletiva? Uma alegoria? O que era o mito para os gregos? Isso nos dará a oportunidade de constatar que o sentimento da verdade é muito amplo (abrange facilmente o mito), mas também que "verdade" quer dizer muitas coisas... até abranger a literatura de ficção.

---

27 Eis um exemplo. Newton constata que os sete reis de Roma reinaram ao todo 244 anos e se dá conta de que não existe exemplo de reinados tão longos na história universal: a duração média de um reinado é dezessete anos. Ele poderia concluir que a cronologia da Roma real era lendária; conclui apenas que é falsa, reduz a sete vezes dezessete e remete a fundação de Roma a 630 a.C. Cf. Newton, *La chronologie des anciens royaumes, traduite de l'anglois*.

Pluralidade e analogia dos mundos de verdade

A mitologia grega, cuja ligação com a religião era das mais tênues,[28] no fundo foi apenas um gênero literário muito popular, uma parte vasta da literatura, sobretudo a oral, se é que a palavra

---

28 Nilsson, *Geschichte der griech*, v.1, p.14 e 371; Nock, *Essays on Religion and the Ancient World*, v.1, p.261. Não estou seguro de que os mitos etiológicos devam ser considerados à parte: pouquíssimos mitos gregos explicam ritos, e os que os explicam são menos invenção de sacerdotes que querem criar um rito do que imaginação de engenhosos espíritos locais que inventaram uma explicação romanesca a uma particularidade cultual que intrigava os viajantes; o mito explica o rito, mas esse rito é apenas uma curiosidade local. A tripartição estoica de Varrão, que distinguia os deuses da cidade, aos quais os homens prestavam culto, os deuses dos poetas, isto é, os da mitologia, e os deuses dos filósofos, *é fundamental* (Boyancé, *Études sur la religion romaine*, p.254). Sobre as relações entre o mito, a soberania e a genealogia na época arcaica, a questão foi renovada por Vernant, *Les origines de la pensée grecque e Mythe et pensée chez les grecs*; e por Finley, Myth, Memory and History, *History and Theory*, v.4, p.281-302. Tratamos muito superficialmente do pensamento mítico, já que nosso tema é a transformação desse pensamento na época helenístico-romana, mas concordamos com a doutrina de historicidade da razão de Vernant, *Religions, histoires, raisons*, p.97.

literatura já convém, antes da distinção da realidade e da ficção, quando o elemento lendário ainda é tranquilamente aceito.

Lendo Pausânias, compreendemos o que foi a mitologia: o menor povoado descrito por nosso erudito tinha a sua lenda sobre qualquer curiosidade natural ou cultural local;[29] essa lenda foi inventada por um contador de histórias desconhecido e, mais recentemente, por um dos inúmeros eruditos locais que Pausânias leu e chama de exegetas. Cada um desses autores ou contadores de histórias conhecia as produções de seus confrades, já que as diferentes lendas têm os mesmos heróis, retoma os mesmos temas, e as genealogias divinas ou heroicas estão de acordo no geral ou não apresentam contradições muito evidentes. Toda essa literatura que se ignorava lembra outra: as vidas de mártires ou santos locais, desde a época merovíngia até a *Legenda áurea*. A. van Gennep mostrou que essas hagiografias apócrifas, às quais os bolandistas tiveram dificuldade para fazer justiça, eram, na realidade, uma literatura de gosto muito popular: princesas raptadas, cruelmente torturadas ou salvas por santos cavaleiros; esnobismo, sexo, sadismo, aventura. O povo se encantava com essas narrativas, a arte as ilustrava e uma vasta literatura em prosa e verso as retomava.[30]

Esses mundos de lenda eram cruamente verdadeiros, no sentido de que não se duvidava, mas também não se acreditava neles como se acredita nas realidades que nos rodeiam. Para o povo dos fiéis, as vidas de mártires, cheias de maravilhas, situavam-se num passado sem idade, do qual se sabia apenas que era anterior, exterior e heterogêneo ao tempo atual; era "o tempo dos pagãos". Ocorria o mesmo com os mitos gregos: passavam-se "antes", na época das gerações heroicas, quando os deuses

---

29 Um exemplo entre mil, mas muito bonito: Pausânias, VII, 23; sobre os eruditos locais, Kroll, *Studien zum Verständnis des römischen Literatur*, p.308.
30 Gennep, *Religions, moeurs et légendes*, v.3, p.150; Mâle, *L'art religieux du XIIIe siècle en France*, p.269, e *L'art religieux de la fin du XVIe siècle*, p.132.

ainda se misturavam aos seres humanos. O tempo e o espaço da mitologia eram secretamente heterogêneos aos nossos;[31] o grego colocava os deuses "no céu", mas ficaria espantado se os visse no céu; e não ficaria menos espantado se o tomassem ao pé da letra no que diz respeito ao tempo e se lhe dissessem que Hefesto acabara de se casar ou que Atena envelhecera muito nos últimos anos. Ele teria "realizado" que, aos seus olhos, o tempo mítico tem apenas uma vaga analogia com a temporalidade cotidiana, mas também que uma espécie de letargia sempre o impedira de se dar conta dessa heterogeneidade. A analogia entre esses mundos temporais camuflava sua secreta pluralidade. Não é evidente pensar que a humanidade tem um passado, conhecido ou desconhecido: distinguimos tanto o limite dos séculos dos quais guardamos a lembrança quanto discernimos a linha que delimita nosso campo visual; além desse horizonte, não vemos estender-se os séculos obscuros: simplesmente deixamos de ver. As gerações heroicas estavam do outro lado desse horizonte de tempo, num outro mundo. Esse é o mundo mítico em cuja existência continuaram a acreditar os pensadores, de Tucídides ou Hecateu a Pausânias ou santo Agostinho;[32] contudo, eles deixaram de vê-lo com um outro mundo e quiseram reduzi-lo às coisas do mundo atual. Fizeram como se o mito dependesse do mesmo regime de crença que a história.[33]

---

31 Cf. Veyne, *Le pain et le cirque*, p.589.
32 Santo Agostinho não duvida da historicidade de Eneias, mas, reduzindo o mito à verossimilhança, Eneias é tão filho de Vênus quanto Rômulo é de Marte (*A cidade de Deus*, I, 4 e III, 2-6). Veremos que Cícero, Tito Lívio e Dionísio de Halicarnasso também não acreditavam no nascimento divino de Rômulo.
33 A pluralidade das modalidades de crença é um fato banal demais para que valha a pena insistir; cf. Piaget, *La formation du symbole chez l'enfant*, p.177; Schutz, On multiple realities, in: _____, *Collected Papers*, v.1, p.232; idem, Don Quixote and the problem of reality, in: ibid., v.2, p.135; Janet, *De l'angoisse à l'extase*, v.1, p.244. Não é menos banal que se acredite em verdades diferentes sobre o mesmo objeto; as crianças sabem que os

Em compensação, os que não eram pensadores vislumbravam, além do horizonte da memória coletiva, um mundo ainda mais bonito que os bons e velhos tempos, um mundo bonito demais para ser empírico; esse mundo mítico não era empírico: era nobre. Não ele que encarnasse ou simbolizasse "valores": não se julgava que as gerações heroicas tivessem cultivado mais as virtudes que os homens contemporâneos, mas elas tinham mais "valor" que esses homens; um herói é mais do que um homem, assim como aos olhos de Proust uma duquesa tem mais valor que uma burguesa.

<hr>

brinquedos são trazidos por Papai Noel e dados por seus pais. Piaget, *Le jugement et le raisonnement chez l'enfant*, p.217; cf. p.325: "Na criança, há várias realidades heterogêneas: o jogo, o real observável, o mundo das coisas compreendidas e narradas etc.; essas realidades são mais ou menos incoerentes e independentes entre si. Consequentemente, quando a criança passa do estado de trabalho para o estado de jogo, ou do estado de submissão ao discurso adulto para o estado de análise pessoal, suas opiniões podem variar singularmente". Nilsson, op. cit., v.1, p.50: "Uma criança de 13 anos que se banhava num riacho onde se formavam mil ondinhas disse: 'O riacho está franzindo a testa'; se tal expressão fosse tomada ao pé da letra, seria um mito; mas a criança sabia muito bem, ao mesmo tempo, que o riacho era água, que se podia beber dele etc. Do mesmo modo, um primitivo pode ver almas por toda a natureza, pode situar numa árvore uma força sensível e ativa, que ele deve apaziguar e honrar; mas, em outra vez, ele não deixará de cortar essa árvore para transformá-la em material de construção ou combustível". Cf. também Max Weber, *Wirtschaft und Gesellschaft*, v.1, p.245. Leonard, *Die Revolution entlässt ihre Kinder*, p.58 (o autor tinha 19 anos e era *komsomol* no momento do Grande Expurgo de 1937): "Minha mãe tinha sido presa, eu tinha assistido à prisão dos meus professores e dos meus amigos e, naturalmente, tinha percebido havia muito tempo que a realidade soviética não se parecia nem um pouco com a maneira como era apresentada no *Pravda*. Mas, de certo modo, eu separava essas coisas, assim como as minhas expressões e experiências pessoais, das minhas convicções políticas de princípio. Era como se existissem dois planos: o dos acontecimentos cotidianos ou da minha própria experiência (no qual não era raro que eu desse provas de espírito crítico) e um outro plano, o da linha geral do partido, que eu continuava, apesar de certo mal-estar, a considerar justa, 'ao menos fundamentalmente'. Acho que muitos *komsomols* conheciam semelhante fratura". Não parece absolutamente,

Píndaro será um bom exemplo desse esnobismo (se é permitido recorrer ao humor para sermos mais breves). O problema é conhecido: o que dá unidade, se é que há unidade, aos *epinikia* [epinícios] de Píndaro? Por que o poeta conta ao vencedor tal ou tal mito, cuja relação com o tema não aparece? É um verdadeiro capricho do poeta? Ou o atleta é apenas um pretexto para Píndaro expressar opiniões que lhe são caras? Ou o mito é uma alegoria e faz alusão a uma particularidade qualquer da biografia do vencedor ou de seus ancestrais? A explicação adequada foi dada por H. Fränkel: Píndaro alça o vencedor e sua vitória ao mundo superior do poeta;[34] Píndaro, como poeta, tem

portanto, que o mito tenha sido tomado pela história, que a diferença entre a lenda e a história tenha sido abolida, apesar de Köhler, *L'aventure chevaleresque*, p.8; digamos de preferência que se pode acreditar no mito tanto quanto na história, mas não no lugar da história nem nas mesmas condições que na história; as crianças também não exigem de seus pais o dom da levitação, da ubiquidade e da invisibilidade que atribuem a Papai Noel. Crianças primitivas e crentes de toda espécie não são ingênuos. "Mesmo os primitivos não confundem uma relação imaginária como uma relação real" (Pritchard, *La religion des primitifs*, p.49); "O simbolismo dos huicholes admite identidade entre o trigo e o cervo; M. Lévy-Bruhl não quer que se fale de simbolismo nesse caso, e sim de pensamento pré-lógico. No entanto, a lógica do huichol somente seria pré-lógica no dia que ele preparasse uma papa de trigo achando que está fazendo um guisado de cervo" (Leroy, *La raison primitive*, 1927, p.70). "Os *sedang moi* da Indochina, que instituíram meios que permitem ao homem renunciar a seu *status* de ser humano e tornar-se javali, reagem de maneiras diferentes, no entanto, quando tem de lidar com um javali verdadeiro ou um javali nominal" (Deveureux, *Ethnopsychanalyse complémentariste*, p.101); "A despeito das tradições verbais, é raro que um mito seja tomado no mesmo sentido em que se tomaria uma verdade empírica; todas as doutrinas que floresceram no mundo a respeito da imortalidade da alma afetaram muito pouco o sentimento natural do homem diante da morte" (Santayana, *The Life of Reason*, v.3, p.52). São múltiplas, portanto, as maneiras de acreditar ou, melhor dizendo, os regimes de verdade de um mesmo objeto.
34 Fränkel, *Wege und Formen frühgriech*, p.366. Falando do belo mundo dos heróis ao vencedor, Píndaro o honra mais do que se recitasse um elogio a ele; ser recebido na casa dos Guermantes é mais lisonjeiro do que receber cumprimentos; por isso, diz Fränkel, "a imagem do vencedor é muitas

familiaridade com o mundo dos deuses e dos heróis, e ele alça o vencedor, esse plebeu meritório, ao seu mundo, conduzindo-o como um igual e falando-lhe desse mundo mítico que, a partir desse momento, graças a Píndaro, que o introduz nele, será o dele também. Não há necessariamente uma relação estreita entre a personalidade do vencedor e o assunto com que o poeta o entretém: não é uma questão de honra para Píndaro fazer o mito conter sempre uma alusão delicada à pessoa do vencedor; o que importa é que ele trate o vencedor como um par, falando-lhe familiarmente desse mundo mítico.

Em nosso século, a tendência natural é explicar sociologicamente as produções do espírito; diante de uma obra, nós nos perguntamos: "Que contribuição ela estava destinada a dar à sociedade?". É pôr o carro na frente dos bois. Não se deve reduzir a explicação da literatura, ou sua hermenêutica, a uma sociologia da literatura. Em *Paideia*, Werner Jaeger parece ter atropelado as instâncias. Segundo ele, quando a aristocracia helênica travou seus últimos combates, ela encontrou em Píndaro um poeta que foi o *seu* poeta e, graças a ele, conseguiu satisfazer uma necessidade social; segundo Jaeger, essa classe aristocrática de

---

vezes mais imprecisa que a dos heróis". Devemos dizer por isso, com o mesmo Fränkel (*Dichtung und Philosophie des frühen Griechentums*, p.557), que esse mundo heroico e divino é um "mundo *dos* valores"? Mas dificilmente se veem deuses ou heróis como santos; eles honram *os* valores como fazem os próprios mortais distintos, nem mais nem menos. Também nesse caso, não subestimemos o "esnobismo" mitológico: o mundo dos heróis tem *valor*, é mais elevado que o dos mortais. Do mesmo modo, para Proust, uma duquesa é mais elevada que uma burguesa, mas não é porque ela cultiva todos os valores e todas as virtudes: é porque ela é duquesa. É claro que, como duquesa e porque é duquesa, ela terá distinção e a cultivará, mas como consequência. É por essência, e não por seus méritos, que o mundo heroico tem mais valor que o mundo mortal. Se o leitor julgar que a palavra "esnobismo", mesmo dita *cum grano salis*, é muito forte para Píndaro e os vencedores, que releia uma divertida passagem do *Lísis*, de Platão (205 CD), que mereceria ser colocada como epígrafe em todas as edições de Píndaro.

Os gregos acreditavam em seus mitos?

guerreiros se via alçada, com seus valores, ao mundo do mito; os heróis teriam sido, portanto, modelos para esses guerreiros; Píndaro teria louvado os heróis míticos para exaltar o coração de seus nobres ouvintes: em seus versos, o mundo mítico seria a imagem sublimada dessa aristocracia.

É verdade? Constatamos sem nenhuma dificuldade que o recurso ao mito, em Píndaro, não serve absolutamente para exaltar a aristocracia, mas sim para realçar a posição do poeta em relação aos seus interlocutores; como poeta, ele se digna elevar até ele o vencedor a quem ele louva: não é o vencedor que eleva a si mesmo. O mito em Píndaro não cumpre uma função social, não tem uma mensagem como conteúdo; ele faz o que a semiótica começou a chamar recentemente de papel pragmático: ele estabelece certa relação entre os ouvintes e o próprio poeta. A literatura não se reduz a uma relação de causa e efeito com a sociedade, assim como a língua não se reduz a um código e informação: ela comporta também uma ilocução, isto é, o estabelecimento de diversas relações específicas com o interlocutor; prometer ou ordenar são atitudes irredutíveis ao conteúdo da mensagem, que não consistem em informar uma promessa ou uma ordem. A literatura não reside toda em seu conteúdo; quando canta o elogio aos heróis, Píndaro não envia aos ouvintes uma mensagem sobre seus valores ou sobre eles próprios: ele estabelece com eles uma relação em que ele próprio, o poeta para quem os mitos se abrem, ocupa uma posição dominante. Píndaro fala de cima para baixo, e é exatamente por isso que pode conceder elogios, honrar um vencedor, elevá-lo até ele. O mito estabelece uma ilocução do elogio.

Longe de assimilar a aristocracia às figuras heroicas do mito, Píndaro separa vigorosamente o mundo mítico do mundo dos mortais; ele lembra constantemente aos seus nobres ouvintes que os homens valem muito menos do que os deuses, e que devemos ser modestos; não poderíamos nos igualar aos deuses sem húbris. Vamos reler a décima *Pítica*: Píndaro apresenta como modelo ao guerreiro a quem ele elogia o herói Perseu? Não. Ele fala de lendas espetaculares, de um povo distante e inacessível, dos feitos sobre-humanos que Perseu realizou com a ajuda de uma deusa. Mais do que seus méritos, o favor dos deuses honra os heróis que eles julgaram dignos de seu apoio; quanto aos mortais, ele deve incitá-los de preferência à modéstia, já que nem mesmo os heróis conseguiram triunfar sem a ajuda de uma divindade. Píndaro magnifica a glória do vencedor exaltando esse outro mundo mais elevado, onde a própria glória é maior. Esse mundo superior é um modelo ou uma lição de modéstia? Um ou outro, conforme o uso que o pregador faz dele, e Píndaro, que não é um pregador, transforma esse mundo superior em um pedestal: ele alça a festa e o vencedor, alçando a si mesmo. É precisamente porque o mundo mítico é definitivamente outro, inacessível, diferente e espetacular, que o problema de sua autenticidade continua em suspenso e os ouvintes de Píndaro flutuam entre a admiração e a credulidade. O feérico não é apresentado como exemplo: se Perseu fosse apresentado como modelo, à maneira de Bayard, esse mundo heterogêneo seria imediatamente apontado como pura ficção, e só os dons quixotes ainda acreditariam nele.

Há, portanto, um problema que não podemos deixar de colocar: os gregos acreditavam nessas fabulações? Mais concretamente, faziam distinção entre o que consideravam autêntico, historicidade da guerra de Troia ou existência de Agamenon ou Júpiter, e as claras invencionices do poeta, desejoso de divertir o público? Ouviam com os mesmos ouvidos as listas geográficas do catálogo das naus e o conto galante, digno de Boccaccio, sobre os amores de Vênus com Marte, surpreendidos na cama pelo marido? Se acreditavam realmente na fábula, ao menos sabiam distinguir fábula de ficção? Mas, justamente, seria necessário saber se a literatura ou a religião são mais ficção que a história ou a física, e vice-versa; digamos que, à sua maneira, uma obra de arte é considerada verdadeira, mesmo quando

Os gregos acreditavam em seus mitos?

passa por ficção; a verdade é uma palavra homônima que só deveria ser usada no plural: existem somente programas heterogêneos de verdade e Fustel de Coulanges não era nem mais nem menos verdadeiro que Homero, embora o seja de outro modo; no entanto, a verdade é como o Ser de Aristóteles: ela é homonímica e analógica, pois todas as verdades nos parecem análogas entre si, tanto assim que nos parece que Racine pintou a verdade do coração humano.

Partamos do fato de que todas as lendas, guerra de Troia, Tebaida ou expedição dos argonautas, eram consideradas globalmente autênticas; um ouvinte da *Ilíada* estava, portanto, na posição que está entre nós um leitor de história romanceada. Reconhecemos esta última pelo fato de que os autores põem em cena os fatos autênticos contados por eles; se descrevem os amores de Bonaparte e Josefina, eles põem o ditador corso e sua amada em diálogos e colocam palavras na boca deles que, ao pé da letra, não têm nenhuma autenticidade; os leitores sabem, não se importam e não fazem conta. Mesmo assim, esses leitores não veem esses amores como uma ficção: Bonaparte existiu e realmente amou Josefina; esse crédito global é suficiente para os leitores, e eles não vão esmiuçar o detalhe, que, como diria a exegese neotestamentária, é apenas "redacional". Os ouvintes de Homero acreditavam na verdade global e não se recusavam o prazer proporcionado pelo conto de Marte e Vênus.

De todo modo, a biografia de Napoleão não apenas é verdadeira, como também verossímil; em contrapartida, podemos dizer que o mundo da *Ilíada*, cuja temporalidade é a dos contos, e na qual os deuses se misturam aos seres humanos, é um universo de ficção. Sem dúvida, mas madame Bovary acreditava realmente que Nápoles era um mundo diferente do nosso; lá, a felicidade durava intensamente 24 horas por dia, com uma densidade de um em-si sartriano; outros acreditaram que na China maoista os homens e as coisas não tinham a humilde cotidianidade que tínhamos nós; infelizmente, eles confundiam essa verdade feérica com programa de verdade política. Um mundo não pode ser fictício por si mesmo, mas apenas se acreditamos nele ou não; entre a realidade e a ficção, a diferença não é objetiva, não está na mesma coisa, mas está em nós, conforme subjetivamente a vemos ou não como uma ficção: o objeto nunca é inacreditável em si e seu desvio da realidade não pode nos chocar, porque, sendo as verdades todas analógicas, nem o percebemos.

Einstein, para nós, é verdadeiro em certo programa de verdade: o da física dedutiva e quantificada; mas, se acreditamos na *Ilíada*, ela não é menos verdadeira em seu programa de verdade mítica. Assim como *Alice no país das maravilhas*. Pois, ainda que consideremos *Alice* ou Racine ficções, nós acreditamos neles enquanto os lemos, nós choramos na poltrona do teatro. O mundo de Alice, em seu programa de encantamento, apresenta-se a nós como tão plausível e tão verdadeiro quanto o nosso, tão real em relação a si mesmo, por assim dizer; mudamos de esfera de verdade, mas continuamos no verdadeiro, ou em sua analogia. É por isso que a literatura realista é ao mesmo tempo fingimento (ela não é a realidade), um zelo inútil (o feérico não pareceria menos real) e a mais extrema sofisticação (inventar o real com o nosso real, que preciosismo!). Longe de se opor à verdade, a ficção é apenas um subproduto dela: basta abrir a *Ilíada* para entrar na ficção e perder o norte; a única nuance é que em seguida não acreditamos nela. Existem sociedades em que, depois de fechar o livro, as pessoas continuam a acreditar, e outras em que elas deixam de acreditar.

Mudamos de verdade quando passamos da nossa cotidianidade para Racine, mas não nos damos conta disso. Acabamos de escrever uma carta ciumenta, confusa e interminável, que desmentimos precipitadamente uma hora depois, por telegrama, e sem a menor dificuldade passamos para Racine ou Catulo, em quem um grito de ciúme, também denso como o em-si, dura quatro versos, e achamos esse grito tão verdadeiro! A literatura

Os gregos acreditavam em seus mitos?

é um tapete mágico que nos leva de uma verdade à outra, mas em estado letárgico: quando despertamos, já na nova verdade, acreditamos estar ainda na anterior, e é por isso que é impossível fazer os ingênuos compreenderem que Racine ou Catulo nem pintaram o coração humano nem contaram a vida deles, e Propércio menos ainda. E, no entanto, esses ingênuos têm razão à sua maneira; todas as verdades parecem ser uma só; *Madame Bovary* é "uma obra-prima para quem confessou na província". É a analogia dos sistemas de verdade que nos permite entrar nas ficções romanescas, achar seus heróis "vivos" e descobrir um sentido interessante para as filosofias e os pensamentos de antigamente. E para os de hoje. As verdades, tanto a da *Ilíada* como a de Einstein, são filhas da imaginação e não da luz natural.

Literatura de antes da literatura, nem verdadeira nem fictícia, porque externa ao mundo empírico, porém mais nobre que ele; o mito tem outra particularidade: como indica o nome, ele é uma narrativa, mas uma narrativa anônima, que podemos recolher e repetir, mas da qual não podemos ser o autor. O que os espíritos racionalistas, a partir de Tucídides, interpretarão como uma "tradição" histórica, como uma recordação que os contemporâneos dos acontecimentos transmitiram a seus descendentes. Antes de ser fantasiado de história, o mito era outra coisa: consistia não em comunicar o que vimos, mas em repetir o que "se dizia" dos deuses e dos heróis. Como um mito era formalmente reconhecido? O exegeta falava desse mundo superior apresentando seu próprio discurso como um discurso indireto: "dizem que...", "a Musa canta que...", "um *logos* diz que..."; o locutor direto nunca aparecia, porque a própria Musa apenas "redizia", recordava esse discurso que era pai dele próprio.[35] Quando se

---

35 Ainda é assim na *Eneida* (I, 8): *Musa, mihi causas memora*; com essa expressão helenizante, Virgílio pede à Musa que lhe "repita" e garanta o que "dizem" a respeito de Eneias, e não que lhe "recorde" alguma coisa que ele tenha esquecido ou ignore. Poderíamos pensar que é por isso que as Musas são filhas da Memória (*contra* Nilsson, op. cit., v.1, p.254).

trata dos deuses e dos heróis, a única fonte de conhecimento é o "dizem", e essa fonte tem uma autoridade misteriosa. Não que não existam impostores: as Musas, ó Hesíodo, sabem dizer a verdade e mentir.[36] Os poetas que mentem não invocam menos as Musas, que inspiraram tanto Homero quanto Hesíodo.

O mito é uma informação; existem pessoas informadas, que estão ligadas não numa revelação, mas simplesmente num conhecimento difuso que elas tiveram a chance de captar. Se essas pessoas forem poetas, as Musas – suas informantes habituais – é que dirão a elas o que se sabe e o que se diz; mas nem por isso o mito é uma revelação do alto ou um segredo: a Musa apenas repete o que se sabe e, como um recurso natural, está à disposição de quem a procura.

O mito não é um modo de pensamento específico; é apenas conhecimento por informação, aplicado a campos de saber que, para nós, pertencem à controvérsia, à experimentação etc. Como escreve Oswald Ducrot em *Dizer e não dizer*, a informação é uma ilocução que somente pode se realizar se o destinatário reconhece no locutor, de antemão, competência e honestidade; de modo que a informação é situada de imediato fora da alternativa do verdadeiro e do falso. Para ver esse modo de conhecimento em ação, basta ler uma passagem em que o admirável padre Huc conta como ele convertia os tibetanos, um século e meio atrás:

---

36 Kroll, op. cit., p.49-58. Os versos 27 e 28 da *Teogonia* não são simples; as Musas inspiram mentiras, mas também verdades. A posteridade compreenderá muitas vezes que os poetas misturam verdades às mentiras, ou mentiras às verdades (cf. Estrabão, I, 2, 9, C. 20 sobre Homero). Outros verão neles a oposição entre a epopeia, que mente, e a poesia didática, que diz a verdade. Mais vale entender, talvez, que, sem se apresentar como poeta "didático", Hesíodo contrapõe sua própria versão das genealogias divinas e humanas à versão de Homero, visto por ele como seu rival e predecessor.

Os gregos acreditavam em seus mitos?

Tínhamos adotado um modo de ensino absolutamente histórico, tomando o cuidado de retirar tudo que pudesse cheirar a disputa e espírito de discussão; os nomes próprios e as datas precisas causavam muito mais impressão do que os raciocínios mais lógicos. Quando aprendiam bem os nomes de Jesus, Jerusalém, Pôncio Pilatos e a data de quatro mil anos após a criação do mundo, eles não duvidavam mais do mistério da Redenção e da pregação do Evangelho; de resto, jamais observamos que os mistérios ou os milagres lhes causassem a mínima dificuldade. Estamos convencidos de que é pelo caminho do ensinamento, e não pelo método da controvérsia, que se pode trabalhar de maneira eficaz para a conversão dos infiéis.

Do mesmo modo, existia um domínio na Grécia, o do sobrenatural, em que se tinha de saber tudo pelas pessoas que estavam informadas; esse domínio era composto de acontecimentos e não de verdades abstratas, às quais o ouvinte poderia opor a sua própria razão. Os fatos eram precisos: nunca faltavam os nomes e os patronímicos dos heróis, e a indicação do lugar da cena não era menos preciso (Pélion, Citéron, Titarésio...; na mitologia grega há uma música de nomes de lugares). Esse estado de coisas poderia ter durado mais de mil anos; mas ele não mudou porque os gregos descobriram a razão ou inventaram a democracia, e sim porque o campo do saber viu seu mapa ser alterado pela formação de novos poderes de afirmação (a pesquisa histórica, a física especulativa) que faziam concorrência ao mito e, ao contrário dele, colocavam expressamente a alternativa do verdadeiro e do falso.

Essa é a mitologia que todo historiador vai criticar, sem se entregar à predileção pelo maravilhoso, longe disso, mas nem por esse motivo ele vai reconhecer seu caráter: vai tomá-la por uma historiografia; vai considerar o *mythos* uma simples "tradição" local; vai tratar a temporalidade mítica como se fosse tempo histórico. E isso não é tudo. O historiador tinha de lidar também com uma segunda espécie de literatura mitológica, em versos épicos ou em prosa: a das genealogias míticas, que começa com a *Ehoiai*, as etiologias, as narrativas das fundações, histórias ou epopeias locais; essa literatura floresceu desde o século VI e dura ainda, na Ásia Menor, sob os Antoninos e além.[37] Obra de homens de letras, satisfazia mais o desejo de conhecer as origens do que a predileção pelo maravilhoso. Pensamos, entre nós, na lenda das origens troianas da monarquia franca, desde Frédégaire até Ronsard; como foram os troianos que fundaram os reinos dignos desse nome, foram eles que fundaram o dos francos e, como a onomástica dos lugares se origina da dos homens, o troiano em questão só podia se chamar Francion.

Para as suas investigações sobre a Messênia, Pausânias utilizou um poeta da alta época helenística, Riano, assim como o historiador Míron de Priena;[38] para a Arcádia, ele seguiu uma "genealogia contada pelos árcades", isto é, uma tradição pretensamente recolhida por um poeta do ciclo épico, Ásios.[39] Nosso autor conhece assim a dinastia dos reis da Arcádia durante várias gerações, desde Pelasgo, contemporâneo de Cécrope, até a guerra de Troia; ele sabe os nomes, os patronímicos, os nomes dos filhos; aplicou essa genealogia à trama do tempo histórico e assim conseguiu estabelecer que a Enótria, fundada por Enotro, filho de Licáon, na terceira geração, é necessariamente a colônia mais antiga fundada pelos gregos, e de longe.

---

37 Sobre essa historiografia, cf., por exemplo, Forsdyke, citado na nota 5; Nilsson, op. cit., v.2, p.51-4.
38 Pausânias, IV, 6, 1, a respeito de Míron; sobre Riano, ler IV, 1-24 *passim*. Ainda sobre Riano, Lesky, *Geschichte des griechischen Literatur*, p.788; não li Kroymann, *Pausanias und Rhianos*, nem Kiechle, *Messenische Studien*, 1959. Sobre as fontes da arqueologia árcade de Pausânias, Nestle, *Vom Mythos zum Logos*, p.145 et seq. Sobre as noções de princípio, estabelecimento (*katastasis*) e "arqueologia", cf. Norden, *Agnostos Theos*, p.372.
39 Pausânias, VIII, 6, 1. Mas todo o início do Livro VIII deveria ser citado. Sobre a fundação da Enótria, cf. VIII, 3, 5.

Essa literatura genealógica, em que Pausânias viu uma historiografia, contava na realidade as *aitia*, as origens, isto é, a fundação da ordem do mundo; a ideia implícita (ainda presente no Livro V do poeta Lucrécio) é que o nosso mundo está terminado, constituído, completo[40] (uma criança me disse, não sem espanto, ao ver pedreiros trabalhando: "Papai, as casas não estão todas construídas?"). Fundação que se situa, por definição, antes do princípio da história, no tempo mítico dos heróis; tudo se resume a contar de onde vem a existência de um homem, um costume ou uma cidade. Depois que nasceu, a cidade não fará mais do que viver sua existência histórica, que não pertence mais à etiologia.

A etiologia, que um Políbio[41] considerará pueril, contentava-se, portanto, em explicar uma coisa por seu princípio: uma cidade, por seu fundador; um rito, por um incidente que lhe serviu de precedente, porque foi repetido; um povo, por um

---

40 *Não importa o que* digam, as concepções do tempo mais difundidas não são nem a do tempo cíclico nem a do tempo linear, mas a do declínio (Lucrécio a considera evidente): tudo está feito e inventado, o mundo é adulto, portanto, só vai envelhecer; cf. Veyne, *Comment on écrit l'histoire*, nota 4, p.57 (da edição de bolso). Essa concepção é a chave implícita de uma frase difícil de Platão (*As leis*, 677 C); para ele, não haveria mais lugar para as invenções (que não são mais do que reinvenções), se a maior parte da humanidade fosse periodicamente destruída com seu cabedal cultural.

41 Políbio, X, 21 (sobre a fundação de cidades); XII, 26 D (fanfarronices de Timeu sobre a fundação e o parentesco entre cidades); XXXVIII, 6 (narrativas históricas que se limitam a contar as origens e não dizem nada sobre a continuação da história). O pensamento popular opunha o passado das "fundações" e o monótono presente; o primeiro era encantador: quando Hípias ia fazer conferências em Esparta, ele falava "de genealogias heroicas, ou humanas, de fundação de cidades na época primitiva, mais geralmente do que se referia à época antiga" (Platão, *Hípias maior*, 285 E). Essa fundação do mundo estabelecido (e mesmo declinante) que é o nosso compreende três elementos: "a fundação das vilas, a invenção das artes e a redação das leis" (Flávio Josefo, *Contra Ápion*, I, 2, 7). Heródoto percorre o mundo, descreve cada povo, como descreveríamos uma casa, e entra no subsolo: eis a origem desse povo.

primeiro indivíduo, nascido da terra, ou o primeiro rei. Entre esse fato primeiro e nossa época histórica, que começa com a guerra de Troia, transcorre a sucessão de gerações míticas; o mitógrafo reconstitui ou, melhor, fabula uma genealogia real sem lacunas, que se estende por toda a idade mítica e, quando a inventa, sente a satisfação de um saber completo. De onde ele tira todos os nomes próprios que dá a todos os estágios da genealogia? Da imaginação, às vezes da alegoria e, na maioria das vezes, do nome dos lugares: rios, montes e cidades de uma região fornecem o nome dos indivíduos originais que a povoaram, e que às vezes se imagina que foram reis e não simples moradores; o traço humano sem idade que são os topônimos se origina da onomástica humana dos tempos míticos. Quando o nome de um rio deriva de um nome de homem, isso nos leva de volta à presença humana original, desde a qual a região se tornou uma terra de homens.[42]

Mas em decorrência de qual acontecimento o nome de tal rei de antigamente passou ou foi dado para tal rio? Essa é uma pergunta que o genealogista não se faz: a analogia das palavras é suficiente para ele, e sua maneira favorita de explicar é arquetípica; é mais proveitoso se perguntar que relação concreta há entre Fauno e os faunos, entre Heleno e os helenos, entre Pelasgo e os pelasgos ou entre o Elefante e os elefantes, como no seguinte pastiche de etiologia: "Nas origens, os elefantes não tinham tromba, mas um deus puxou o nariz do Elefante para

---

42 Encontramos exemplos de todos esses fatos em todas as páginas de Pausânias e, em particular, nos primeiros capítulos de seus diferentes livros. A explicação de um topônimo por um antropônimo permite remontar às origens humanas, tanto que se preferia explicar uma montanha chamada Nômia pelo nome de uma ninfa a explicá-la pela palavra que significa "pasto", o que evidentemente seria a explicação correta, como o próprio Pausânias insinua (VIII, 38, 11); Pausânias também queria explicar o nome Egialeu pela palavra *aigialos*, "margem", mas os aqueus preferiam inventar um rei chamado Egialeus para explicá-lo (VIII, 1, 1).

castigá-lo por um embuste qualquer e, desde esse dia primeiro, todos os elefantes têm tromba". Pausânias não compreende mais essa lógica arquetípica e considera o arquétipo – que, como Adão, era o único a ser – o primeiro rei da região. Diz ele:

> Os árcades dizem que Pelasgo foi o primeiro habitante da terra deles, mas seria logicamente mais plausível pensar que ele não era o único e que havia outros homens com ele; senão, sobre que súditos teria reinado esse rei? Seu tamanho, sua força, sua beleza é que o distinguiam, e também sua inteligência, e é por isso, imagino, que foi escolhido para reinar sobre eles. De sua parte, o poeta Ásios compôs sobre ele os seguintes versos: *Pelasgo igual aos deuses foi produzido por nossa terra nas montanhas silvestres, a fim de que se fizesse a raça dos humanos.*[43]

Essas poucas linhas são uma espécie de "colagem": a velha verdade mítica é aplicada nessa espécie de racionalismo praticada por Pausânias, que parece pouco sensível à diferença desses materiais.

---

43 Pausânias, VIII, 1, 4; do mesmo modo, em Tucídides, I, 3, "Heleno e seus filhos" não são mais nem pais de todos os helenos nem protótipos míticos, como é o Elefante para os elefantes: eles são uma dinastia real, que reinou sobre uma multidão de seres humanos. Se o leitor quiser saber o que é uma etiologia histórica, o mais simples é ver o pastiche que Aristófanes faz dele em *As aves*, 466-546.

Divisão social do saber e modalidades de crença

Como as pessoas puderam acreditar em todas essas lendas, e elas acreditaram realmente nelas? A questão não é de ordem subjetiva: as modalidades de crença remetem aos modos de posse da verdade; existe uma pluralidade de programas de verdade através dos séculos, comportando diferentes distribuições do saber,[44] e são esses programas que explicam os graus

---

44 Sobre a posse e a divisão da verdade, cf. o belíssimo livro de Detienne, *Les maîtres de vérité dans la Grèche archaïque*; sobre a distribuição do saber, cf. Alfred Schutz, The Social Distribution of Knowledge, in: _____, *Collected Papers*, v.1, p.14; idem, The Well-Informed Citizen, in: ibid., v.2, p.120; Deleuze, *Différence et répétition*, p.203. Os pensadores cristãos foram levados a aprofundar essa ideia, sobretudo santo Agostinho; a Igreja não é uma sociedade de crença? O *De utilitate credendi*, de santo Agostinho, explica que acreditamos sobretudo por fé na palavra do outro, que existe um comércio dos conhecimentos desigualmente divididos e também que, forçando as pessoas a acreditar, elas acabam acreditando de fato: esse é o fundamento do dever de perseguir e do tristemente famoso *compelle intrare*. É necessário fazer o bem das pessoas, mesmo contra a sua vontade (as desigualdades de saber e de poder caminham de mãos dadas), e o saber é um bem. Já se lia essa sociologia da fé em Orígenes, *Contra Celso*, I, 9-10, e III, 38. Daí a doutrina da fé implícita: julga-se que quem confia na Igreja

subjetivos de intensidade das crenças, a má-fé, as contradições num mesmo indivíduo. Nós acreditamos em Michel Foucault: a história das ideias começa de fato quando se historiza a ideia filosófica de verdade.

Não existe sentido do real, e também não é necessário que se conceba o que é passado ou estranho como análogo ao que é atual ou próximo, muito pelo contrário. O mito possuía um conteúdo que estava situado numa temporalidade nobre e platônica, tão estranha à experiência individual e aos seus interesses quanto seriam frases ministeriais ou teorias esotéricas aprendidas na escola e engolidas sem pestanejar; por outro lado, o mito era uma informação aceita com base na fé no outro. Essa foi a primeira atitude dos gregos diante do mito; nessa modalidade de crença, eles se colocavam em estado de dependência em relação

---

sabe tudo o que ela professa; problema: a partir de qual grau de ignorância um cristão fiel será cristão apenas no nome? Temos fé se o único artigo de fé que conhecemos é que a Igreja sabe e tem razão? Cf. Groethuysen, *Origines de l'esprit bourgeois en France*, p.12. Sobre tudo isso, e sobre santo Agostinho, cf. Leibniz, *Nouveaux essais*, IV, 20. Além de suas consequências políticas e sociais, a distribuição do saber tem efeitos sobre o próprio saber (somente aprendemos e inventamos se temos o direito socialmente reconhecido de fazê-lo; do contrário, hesitamos, duvidamos de nós mesmos). Quando não temos o direito de saber e questionar, ignoramos sinceramente e permanecemos cegos; Proust também dizia: "Não confesse jamais". As fontes e provas do saber são elas mesmas históricas. Por exemplo, "se a ideia grega de verdade é a de uma proposição verdadeira porque não contraditória e verificável, a ideia judaico-cristã de verdade concerne à sinceridade, à ausência de fraude ou duplicidade nas relações pessoais" (Mehl, *Traité de sociologie du protestantisme*, p.76). Daí, suponho, a estranha conclusão do quarto Evangelho, em que o grupo de discípulos de são João declara: "Sabemos que o seu testemunho é verdadeiro" (21, 24); se esse fosse um testemunho no sentido grego da palavra (a testemunha estava lá e viu a coisa com seus próprios olhos), a frase seria absurda: como eles podem dar testemunho da veracidade da narrativa de são João sobre a morte de Cristo se eles não estavam lá? Mas os discípulos querem dizer que conheceram João e reconheceram nele um coração sincero e incapaz de mentir.

à palavra do outro. Daí dois efeitos. Primeiro, uma espécie de indiferença letárgica ou ao menos de hesitação diante da verdade e da ficção; depois essa dependência acabou suscitando uma revolta: as pessoas vão querer julgar tudo por si mesmas, segundo sua própria experiência, e isso será precisamente o princípio das coisas atuais que as fará medir o maravilhoso pela realidade cotidiana e passar para outras modalidades. A crença de que não há meios para agir pode ser sincera? Quando uma coisa é separada do nosso alcance por um abismo, não sabemos se acreditamos nela ou não; Píndaro já hesitava diante do mito, e a linguagem da décima *Pítica*, por mais respeitosa que seja, trai certa hesitação:

> Nem por terra nem por mar, encontra-se a estrada que leva às festas dos povos do Grande Norte; o audacioso Perseu, outrora, pôde ir à terra deles, à terra desses bem-aventurados: Atena era sua guia, e ele matou a Górgona! De minha parte, nada me surpreende e me parece inacreditável quando os deuses o fazem cumprir-se.

A modalidade mais difundida de crença é aquela em que se acredita na palavra do outro: acredito na existência de Tóquio, aonde não fui ainda, porque não vejo que interesse teriam em me enganar os geógrafos e as agências de viagem.[45] Essa modalidade pode durar enquanto o crente confiar nos profissionais ou enquanto não existirem profissionais que façam lei na matéria; os ocidentais, ou ao menos os que não são bacteriologistas, acreditam nos micróbios e multiplicam as precauções de assepsia pela mesma razão por que os zandes acreditam nas bruxas e multiplicam as precauções mágicas: eles acreditam porque confiam. Para os contemporâneos de Píndaro ou Homero, a

---

45 Essa ideia, cuja importância em santo Agostinho, em particular em *De utilitate credendi*, conhecemos bem, também está em Galeno, *De la meilleure secte, à Thrasybule*, 15.

verdade se definia seja a partir da experiência cotidiana, seja a partir do locutor, que é leal ou embusteiro; afirmações que eram estranhas à experiência não eram verdadeiras nem falsas, tampouco mentirosas, porque a mentira não é mentira quando o mentiroso não ganha nada com ela e não nos faz nenhum mal: uma mentira desinteressada não é logro. O mito era um *tertium quid*, nem verdadeiro nem falso. Einstein seria isso para nós se a sua verdade não viesse de uma terceira fonte, a da autoridade dos profissionais.

Naqueles tempos longínquos, essa autoridade ainda não era nascida e não existia teologia, física ou história. O universo intelectual era exclusivamente literário; os mitos verdadeiros e as invenções dos poetas sucediam-se nos ouvidos da audiência, que escutava docilmente o homem que sabia; ela não tinha interesse em separar a verdade da mentira e não se chocava com ficções que não contradiziam a autoridade de uma ciência. Assim, davam o mesmo ouvido aos mitos verdadeiros e às invenções; Hesíodo será obrigado a fazer um escândalo, e proclamar que muitas vezes os poetas mentem, para arrancar seus contemporâneos dessa letargia; Hesíodo queria criar em proveito próprio um domínio de verdade em que não se contassem mais absurdos a respeito dos deuses.

A crença por fé no outro, com sua dissimetria, podia de fato servir de sustentáculo para iniciativas individuais que opunham a sua verdade ao erro geral e à ignorância. É o que acontece com a teogonia especulativa de Hesíodo, que não é uma revelação dada pelos deuses: Hesíodo a recebeu do conhecimento das Musas, isto é, de sua própria reflexão. Meditando sobre tudo que dizem a respeito dos deuses e do mundo, ele compreendeu muitas coisas e pôde fazer um repertório verdadeiro e completo das genealogias: existiram primeiro Caos e Terra, assim como o Amor; Caos engendrou a Noite, Terra pariu o Céu e o Oceano; este teve quarenta filhas cujos nomes são recitados por Hesíodo: Peito, Admete, Iante, a bela Polidora etc. Muitas dessas

Os gregos acreditavam em seus mitos?

genealogias são alegorias e temos a impressão de que Hesíodo leva mais a sério seus deuses-conceitos do que os deuses olímpicos. Mas como ele sabe tantos nomes e detalhes? De onde vem que todas as velhas cosmogonias são verdadeiros romances? Da dissimetria que caracteriza o conhecimento com base na fé no outro; Hesíodo sabe que as pessoas acreditarão na palavra dele e trata a si mesmo do modo como o tratarão: ele é o primeiro a acreditar em tudo que passa por sua cabeça.

Sobre os grandes problemas, diz o *Fédon*, quando não conseguimos encontrar a verdade por nossos próprios meios, tampouco recebemos a revelação de um deus, só nos resta adotar o que se diz de melhor ou nos informar com alguém que sabe.[46] Então, o "diz-se" do mito muda de sentido; o mito não é mais uma informação que paira no ar, um recurso natural cujos exploradores se distinguem apenas por ter mais sorte ou habilidade: é um privilégio das grandes mentes, cujo ensinamento é repetido. "Dizem que, quando morremos, nos tornamos como astros no ar", declara um herói de Aristófanes, que ouviu falar do alto saber de certas seitas da época.[47]

Ao lado das especulações mais ou menos esotéricas, a verdade em confiança tinha outro tipo de herói: o desvendador de enigmas; a física ou metafísica nascente era isso, isto é, nada menos que os primórdios presumidos do pensamento ocidental. Fazer física consistia em encontrar a chave do enigma do mundo,[48] porque havia um enigma, e, uma vez desvendado

---
46 Platão, *Fédon*, 85 C e 99 CD.
47 Aristófanes, *A paz*, 832; cf. *As aves*, 471 et seq.
48 Nietzsche, *Aurora*, §547: "Hoje, a marcha da ciência não é mais entravada pelo fato acidental de que o homem vive cerca de setenta anos, mas durante muito tempo foi esse o caso [...] Antigamente, todos queriam alcançar, durante esse lapso de tempo, o fim do saber, e os métodos de conhecimento eram apreciados em função desse desejo geral [...] Visto que todo o universo era organizado em função do homem, acreditava-se que a possibilidade de conhecer as coisas era igualmente adaptada à escala da vida humana [...] Tudo resolver de uma só vez, com uma única palavra, tal

esse enigma, todos os segredos se revelavam de uma só vez ou, melhor, desaparecia o mistério, caía a venda dos nossos olhos. Eis como, por exemplo, a tradição grega pintará os primórdios da filosofia. Tales, o primeiro, encontrou a chave de todas as coisas: "Tudo é água". Ele professava a unidade do mundo, seguia o caminho que devia levar ao monismo, aos problemas do Ser e da unidade da natureza? Na verdade, sua tese, segundo a tradição, não era nem metafísica nem ontológica, mas alegórica e... química: as coisas são feitas de água, do mesmo modo que para nós o sal marinho é feito de cloro e sódio, e, uma vez que tudo é água, tudo passa, tudo flui, tudo muda, tudo se vai. Química estranha: como pretende recompor a diversidade dos compostos a partir de um único corpo simples? Não é isso que ela pretende; ela não é uma explicação, mas uma chave, e uma chave deve ser simples. Monismo? Nem isso: não é com monismo que falamos no singular da "palavra" de um enigma. Ora, uma chave não é uma explicação. A explicação esclarece um fenômeno, ao passo que a chave faz esquecer, apaga, toma o lugar do enigma, do mesmo modo que uma frase clara ofusca uma primeira formulação confusa e pouco compreensível. Tales, tal como o imaginava a tradição filosófica grega, não esclarece o mundo em sua diversidade: ele dá seu verdadeiro sentido, que é "água" e substitui uma confusão enigmática, logo esquecida. Pois esquecemos o texto de uma charada, que serve apenas para levar à solução.

    A explicação se busca e se demonstra; a chave de um enigma se adivinha e, uma vez adivinhada, age instantaneamente; não há necessidade nem mesmo de argumentar: o véu cai e os olhos se abrem, basta pronunciar a palavra mágica. Cada um

---

era o desejo secreto; não se concebia essa tarefa sob o aspecto do nó górdio ou do ovo de Colombo: não se duvidava de que fosse possível [...] liquidar todas as questões com uma única resposta: o que se tinha para responder era um enigma.

Os gregos acreditavam em seus mitos?

dos primeiros físicos da velha Grécia abriu tudo sozinho, de uma só vez; dois séculos depois, a física de Epicuro será ainda um romance desse gênero. O que pode nos dar uma ideia de tudo isso é a obra de Freud, e é espantoso que sua estranheza cause tão pouco espanto: opúsculos que desdobram o mapa das profundezas da psique, sem a mínima prova, sem nenhuma argumentação, sem uma exemplificação, nem mesmo em nome da clareza, sem a menor ilustração clínica, sem que se possa entrever de onde Freud tirou aquilo e como sabe de tudo aquilo; da observação de seus pacientes? Ou, mais provavelmente, dele mesmo? Não nos surpreende que essa obra tão arcaica tenha sido continuada por uma forma de saber não menos arcaica: o comentário. O que fazer a não ser comentar, quando a palavra do enigma foi descoberta? Além do mais, só um gênio, um inspirado, quase um deus, pode adivinhar a palavra de um tal enigma: Epicuro é um deus, sim, um deus, proclama seu discípulo Lucrécio. O decifrador acreditou em confiança e não exigirá mais de si mesmo do que exigem dele seus admiradores; seus discípulos não continuam sua obra: eles a transmitem e não lhe acrescentam nada; limitam-se a defendê-la, ilustrá-la, aplicá-la.

Acabamos de falar de discípulos e mestres. E precisamente, para voltarmos ao mito, a incredulidade a seu respeito veio de ao menos dois focos: um brusco movimento de indocilidade contra a palavra do outro e a constituição de centros profissionais de verdade.

Diante das lendas, a aristocracia grega hesitava entre duas atitudes, como ainda acontecia no século XVIII: partilhar utilmente a credulidade popular, pois o povo acredita tão docilmente quanto obedece ou, então, no que lhe diz respeito, rejeitar uma submissão humilhante, sentida como um efeito da ingenuidade; as Luzes são o primeiro dos privilégios.

No primeiro caso, as aristocratas ganhavam ainda porque podiam se valer das genealogias míticas; o Lísis de Platão tinha um ancestral que era filho bastardo de Zeus e tinha recebido em casa seu meio-irmão Héracles, outro filho bastardo do deus.[49] Outros de alta linhagem, em compensação, têm o bom gosto de ser esclarecidos e pensar de maneira diferente do povo. Xenófanes não quer que, nos banquetes, os convivas se deixem levar a altercações ou digam bobagens, consequentemente proíbe que se fale "dos titãs, dos gigantes, dos centauros, tudo invenção dos antigos".[50] A lição foi aprendida; no final das *Vespas*, de Aristófanes, um filho que tenta inculcar certo refinamento no pai, cujas ideias são popularescas, ensina que à mesa não convém contar mitos: deve-se falar de coisas humanas;[51] essa é, conclui ele, a conversa das pessoas distintas. Não acreditar em tudo era uma qualidade grega por excelência; "não é de ontem", diz Heródoto, "que a grecidade se distingue das populações bárbaras, sendo mais desperta e mais desembaraçada de uma tola credulidade".

A insubmissão à palavra do outro é mais um traço de caráter do que uma questão de interesse de classe e seria um erro transformá-lo num privilégio da aristocracia; não seria um erro menor supor que essa insubmissão é própria de certas épocas, que se alternam com épocas de fé. Basta pensar nas passagens de *Études de sociologie religieuse* em que Gabriel Le Bras[52] analisa os relatórios que os bispos do Antigo Regime faziam depois de inspecionar a

---

49 Platão, *Lísis*, 205 CD.
50 Xenófanes, fragmento 1.
51 Aristófanes, *As vespas*, 1179; Heródoto, I, 60.
52 Le Bras, Études de sociologie religieuse, p.60, 62, 68, 75, 112, 199, 240, 249, 267, 564, 583. Essa relação de docilidade no campo do saber (o campo simbólico de Bourdieu) nos parece ao menos tão importante quanto o conteúdo ideológico da religião, mais fácil de ver, mais fácil de relacionar aos interesses sociais, porém também mais equívoco. Para Proudhon, o culto católico ensinava o respeito à hierarquia social, pois na missa, e em qualquer lugar onde as preeminências são marcadas, a prática dá ênfase à hierarquia social; é provável, mas no *Dicionário filosófico* de Voltaire há uma frase – anticristã na intenção do autor – que não deixa de ser curiosa: "Um populacho grosseiro e supersticioso [...] que corria aos templos por ociosidade e porque ali os pequenos são iguais aos grandes" (verbete "Ídolos").

diocese: cada povoado tinha seus descrentes, que, não se atrevendo a fugir da obrigação dominical, ficavam no fundo da igreja durante a missa ou mesmo no átrio. Cada sociedade teve seus maus alunos em piedade, mais ou menos numerosos e insolentes, conforme a autoridade era mais ou menos indulgente. A Grécia teve os seus, como mostra um verso extraordinário dos *Cavaleiros*, de Aristófanes;[53] um escravo que se aflige com seu destino diz ao seu companheiro de infortúnio: "Só nos resta nos jogar aos pés das imagens dos deuses", e seu camarada retruca: "É verdade! Diga, acreditas realmente que existem deuses?".

Não estou muito certo de que os olhos desse escravo tenham sido abertos pelas Luzes dos sofistas: ele pertence à margem irreprimível de incrédulos cuja negação se deve menos aos raciocínios e ao movimento das ideias do que a uma reação contra uma forma sutil de autoridade, a mesma que Políbio atribuía ao Senado romano e que será praticada por todos que aliarão o trono ao altar.[54] Não que a religião tenha necessariamente uma influência conservadora, mas certas modalidades de crença são uma forma de obediência simbólica; acreditar é obedecer. O papel político da religião não é de modo nenhum uma questão de conteúdo ideológico.

Uma segunda razão para não acreditar mais em tudo que se diz foi que, em matéria de informação, o mito sofreu a concorrência dos especialistas da verdade, os "investigadores" ou historiadores, que, sendo profissionais, começaram a fazer autoridade. Ora, para eles, os mitos tinham de concordar com o resto da realidade, já que se apresentavam como reais. Investigando no Egito, Heródoto descobre lá um culto a Héracles[55] (porque

---

53 Aristófanes, *Os cavaleiros*, p.32; cf. Nilsson, *Geschichte der griech*, v.1, p.780.
54 Políbio, VI, 56; para Flávio Josefo, Moisés viu na religião um meio de fazer a virtude (*Contra Ápion*, II, 160). Mesma ligação utilitária da religião e da moral em Platão (*As leis*, 839 C e 838 BD). E em Aristóteles (*Metafísica*, 1074 B 4).
55 Heródoto, II, 42-5, apud Untersteiner, *La fisiología del mito*, p.262.

um deus é um deus em toda a parte, do mesmo modo que um carvalho é um carvalho por toda a parte, mas cada povo lhe dá um nome diferente, de modo que os nomes divinos eram traduzidos de uma língua para outra, assim como os nomes comuns); como a época que os egípcios atribuíam a esse Héracles não coincidia com a cronologia lendária dos gregos, Heródoto tentou resolver o problema informando-se da época que os fenícios atribuíam ao seu próprio Héracles e a dificuldade só aumentou; tudo que conseguiu concluir foi que os homens concordavam todos que Héracles era um deus muito antigo, e que se podia resolver a dificuldade distinguindo dois Héracles.

Isso não é tudo. "Os gregos dizem muitas outras coisas irrefletidamente; não menos crédulo é um mito que eles contam sobre Héracles: quando este veio para o Egito", os habitantes desse país teriam tentado imolá-lo a Zeus, mais Héracles não se deixou levar e teria matado todos; impossível, protesta Heródoto: os egípcios não sacrificam seres vivos, como bem sabem os que conhecem suas leis; além do mais, Héracles era apenas um homem, pelo que se diz (somente se tornou deus quando morreu): ora, "seria natural que um único homem conseguisse matar miríades de outros?". Vê-se que Heródoto estava muito longe do conhecimento com base na fé no outro. Esta fornece informações: qual é a capital deste reino? Quais são os laços de parentesco de fulano? Qual é a época de Héracles? Os que nos informam são informados e, nessa matéria, a verdade se opõe menos ao erro do que a informação à ignorância. Somente um investigador profissional não tem a docilidade dos outros homens diante da informação: ele a recorta e a verifica. A distribuição social do saber é transformada: dali em diante, os outros homens terão de se referir de preferência a esse profissional, ou serão apenas espíritos incultos. E, como o investigador recorta a informação, ele impõe à realidade a obrigação da coerência; o tempo mítico não pode mais permanecer secretamente heterogêneo à nossa temporalidade: ele não é mais do que passado.

Os gregos acreditavam em seus mitos?

A crítica do mito nasceu dos métodos de investigação; não tem nada a ver com o movimento dos sofistas – que levou de preferência a uma crítica da religião e da sociedade – nem com as cosmologias da Física. Qual é a explicação dessa transformação? Não sei e não tenho muita vontade de saber. A história foi definida durante muito tempo como um relato explicativo, uma narração com causas; explicar era considerado a parte sublime da profissão de historiador. Julgava-se, na realidade, que explicar consistia em encontrar, na forma de causas, uma razão, isto é, um esquema (a ascensão da burguesia, as forças de produção, a revolta das massas) que pusesse em jogo grandes ideias apaixonantes. Mas suponhamos que explicar se reduza a imaginar um polígono de pequenas causas que não são as mesmas de uma conjuntura para outra e não ocupam os lugares específicos que lhes seriam dados com antecedência por um esquema: nesse caso, a explicação, que se tornou conjuntural e anedótica, não será mais do que um acúmulo de acasos e pouco a pouco perderá o sentido.

Em contrapartida, surge outra tarefa não menos interessante: explicitar os contornos imprevisíveis desse polígono, que não tem mais as formas convencionais, o amplo drapeado, que transformam a história numa nobre tragédia. Devolver aos acontecimentos sua silhueta original, escondida sob os trajes emprestados. Pois as verdadeiras formas, tão estrambóticas, nós literalmente não as vemos: os pressupostos "são evidentes", passam despercebidos, e, em seu lugar, vemos generalidades convencionais. Não percebemos nem a investigação nem a controvérsia: vemos o conhecimento histórico através dos séculos e seus progressos; a crítica grega do mito torna-se um episódio do progresso da Razão e a democracia grega seria a Democracia eterna, não a tara do escravismo.

Se a história se propõe arrancar esses drapeados e explicitar o que é evidente, ela deixa de ser explicativa; torna-se uma hermenêutica. Portanto, não nos perguntaremos que causas sociais deram origem à crítica do mito; preferiremos substituir uma espécie de história santa das Luzes ou da Sociedade por uma perpétua redistribuição ao acaso de pequenas causas sempre diferentes, que geram efeitos não menos aleatórios, mas que passam por grandes e reveladores do destino do homem. Esquema por esquema, o de Pierre Bourdieu, que imagina a especificidade e a autonomia de um campo simbólico compartilhado entre centros de força, parece preferível ao esquema das classes sociais: mais valem dois esquemas que um.

Abrimos aqui o que à primeira vista parece ser um parêntese de algumas páginas, mas que, na verdade, nos levará ao centro do nosso problema do mito. Para resumir, nós nos resignamos tão mais facilmente a não explicar quanto tendemos a pensar que a imprevisibilidade da história se deve mais a sua capacidade de invenção do que a sua contingência (que não impediria a explicação *post eventum*). A ideia faz rir, pois todos sabem que é místico e anticientífico acreditar em começos absolutos. É triste constatar então que o pensamento científico e explicativo se baseia, sem saber, em pressupostos não menos arbitrários.

Devemos dizer algumas palavras a respeito disso, para uso daqueles que, em sua vida pública ou privada, um belo dia se pegaram pensando ou fazendo coisas das quais não tinham a mínima ideia um dia antes; para uso daqueles que se descobriram incapazes de prever o comportamento de seu amigo mais íntimo, mas que, depois do acontecido, desenterram retrospectivamente, no caráter ou no passado desse amigo, um traço que se mostrava prenunciador.

Não há nada mais empírico e mais simples, aparentemente, do que a causalidade; o fogo faz a água ferver, a ascensão de uma nova classe traz uma nova ideologia. Essa aparente simplicidade esconde uma complexidade ignorada: uma polaridade entre a ação e a passividade; o fogo é um agente que se faz obedecer, a água é passiva e faz o que o fogo lhe manda fazer. Portanto, para saber o que acontecerá, basta ver que direção a causa faz o efeito tomar, e o efeito não pode inovar mais do que uma bola de bilhar que é empurrada por outra numa direção determinada. Mesma causa, mesmo efeito: causalidade significará sucessão regular. A interpretação empirista da causalidade não é diferente; ela renuncia ao antropomorfismo de um efeito-escravo que obedece regularmente à ordem de sua causa, mas conserva o essencial: a ideia de regularidade; a falsa sobriedade do empirismo esconde uma metáfora.

Ora, como uma metáfora vale por outra, poderíamos falar do fogo e da ebulição, ou de uma classe ascendente e de sua revolução, em termos diferentes, nos quais haveria apenas sujeitos ativos: diríamos então que, quando estão reunidos um dispositivo contendo fogo, panela, água e uma infinidade de outros detalhes, a água "inventa" de ferver; e ela inventará de ferver cada vez que for ao fogo: como um ator, ela responde a uma situação, atualiza um polígono de possibilidades, desenvolve uma atividade que canaliza um polígono de pequenas causas; estas são mais obstáculos que limitam essa energia do que motores. A metáfora não é mais a da bola lançada numa direção determinada, mas a de um gás elástico que ocupa o espaço que lhe é concedido. Não é mais considerando "a" causa que saberemos o que esse gás fará ou, melhor, não existe mais causa: o polígono mais é revelado pela própria expansão do que permite entrever a futura configuração dessa energia em expansão. Essa elasticidade natural é chamada também vontade de potência.

Se vivêssemos numa sociedade em que esse esquema metafórico fosse consagrado, não teríamos nenhuma dificuldade em admitir que uma revolução, uma moda intelectual, um ímpeto de imperialismo ou o sucesso de um sistema político não respondem à natureza humana, às necessidades da sociedade ou à lógica das coisas, mas são modas, projetos pelos quais nos entusiasmamos. Não só a Revolução de 1789 poderia não ter estourado (já que a história é contingente), como a burguesia poderia ter inventado outra coisa. Em conformidade com esse esquema energético e indeterminado, imaginaríamos o devir como obra mais ou menos imprevisível de sujeitos exclusivamente ativos, que não obedecem a nenhuma lei.

Pode-se objetar a esse esquema que ele é tão inverificável e metafísico quanto os outros, que não são poucos, sem dúvida, mas aquele tem sobre estes a vantagem de ser uma solução alternativa, que nos livra de falsos problemas e libera a nossa imaginação: já começávamos a nos entediar na prisão do funcionalismo social e ideológico. Pode-se objetar também que, se o devir comporta apenas sujeitos ativos, as regularidades causais que reaparecem aqui e ali tornam-se incompreensíveis. Não necessariamente: se de forma incansável pusermos no ringue dois boxeadores, um peso-pesado e um peso-pena, será constantemente o ator mais pesado quem ganhará. Mas suponhamos que os boxeadores do mundo todo se misturassem e se juntassem a esmo: essa regularidade na vitória deixará de ser a regra geral e o mundo do boxe se tornará um arco-íris que irá da plena regularidade à total irregularidade e ao golpe de gênio. Percebemos o traço mais evidente do devir histórico: ele é feito de um *dégradé* de acontecimentos que vai do mais previsível e regular ao mais imprevisível. Nosso energetismo é um monismo de acasos, isto é, um pluralismo: não oporemos, de forma maniqueísta, a inércia à inovação, a matéria ao elã vital e outros avatares do Mal e do Bem. A mistura ao acaso de atores desiguais dá conta tanto da necessidade física quanto da inovação radical; tudo é invenção ou reinvenção, conforme as circunstâncias.

Na verdade, a parte de sucessão regular, de reinvenção, é efeito de um recorte *post eventum* ou mesmo de uma ilusão retrospectiva. O fogo explicará a ebulição, e a pista escorregadia explicará um tipo frequente de acidente de carro, se abstrairmos todas as outras circunstâncias, infinitamente variadas, dessas intrigas incontáveis. Assim, os historiadores e os sociólogos podem nunca prever nada e ter sempre razão; como escreve Bergson em seu admirável estudo sobre o possível e o real, a inventividade do devir é tal que o possível parece preexistir ao real apenas por uma ilusão retrospectiva:

Os gregos acreditavam em seus mitos?

Como não ver que, se o acontecimento se explica sempre, retrospectivamente, por tais ou tais acontecimentos antecedentes, um acontecimento absolutamente diferente também se explicaria, nas mesmas circunstâncias, por antecedentes escolhidos de outro modo – que digo eu? –, pelos mesmos antecedentes recortados de outro modo, distribuídos de outro modo, percebidos de outro modo, enfim, pela atenção retrospectiva?

Assim, não nos entusiasmamos a favor ou contra a análise *post eventum* das estruturas causais na população estudantil de Nanterre em abril de 1968? Em Maio de 68 ou Julho de 89, se os revolucionários, por uma pequena causa qualquer, tivessem inventado de se entusiasmar por uma nova religiosidade, certamente encontraríamos em sua mentalidade um meio de tornar essa moda compreensível retrospectivamente. Mais simples ainda é recortar comodamente o próprio acontecimento, em vez de suas causas: se Maio de 68 é uma explosão de descontentamento administrativo (infelizmente, cercada de uma baderna que, sendo exagerada, não existe realmente), a verdadeira explicação de Maio de 68 será com toda a certeza a má organização administrativa do sistema universitário da época.

Desde Marx, o espírito de seriedade nos faz representar o devir histórico ou científico como uma sucessão de problemas que a humanidade se coloca e resolve, ao passo que é evidente que a humanidade ativa ou erudita está constantemente esquecendo o problema para pensar em outra coisa; assim, o realismo seria menos dizer: "Como tudo isso acabará?" do que se perguntar: "O que é que eles vão inventar desta vez?". O fato de haver inventividade significa que a história não se amolda a esquemas: o hitlerismo foi uma invenção, no sentido em que não se explica pela política eterna nem pelas forças de produção; foi um encontro de pequenas séries causais. A ideia famosa de que "os fatos não existem" (essas palavras são de Nietzsche e não de Max Weber) não se refere à metodologia do conhecimento histórico e à pluralidade de interpretações do passado pelos diferentes historiadores: ela descreve a estrutura da realidade física e humana; cada fato (a relação de produção, o "Poder", a "necessidade religiosa" ou as exigências do social) não desempenha o mesmo papel ou, melhor, não é a mesma coisa, de uma conjuntura para outra; ele tem papel e identidade apenas circunstancial.

De resto, se devemos nos espantar é menos pela explicação das formações históricas do que pela própria existência dessas formações; a história é tão complicada quanto inventiva: que capacidade é essa dos homens de atualizar, por nada e a propósito de nada, essas vastas construções que são as obras e as práticas sociais e culturais, tão complexas e imprevistas quanto as espécies vivas, como se tivessem tanta energia que não soubessem o que fazer com ela?

A elasticidade natural, ou vontade de potência, explica um paradoxo conhecido como efeito Tocqueville: as revoluções estouram quando um regime opressor começa a se liberalizar. As revoltas não são como uma panela que, de tanto ferver, faz a tampa ir pelos ares; ao contrário, é um ligeiro deslocamento da tampa, provocado por uma causa alheia, que faz a panela começar a ferver, e isso acaba derrubando a tampa.

Esse longo parêntese nos leva ao centro do nosso tema: o florescimento do mito e das quimeras de todo tipo deixa de ser misterioso por sua gratuidade e inutilidade, se a própria história é sempre invenção e não leva a vida comedida do pequeno poupador. Temos o costume de explicar os acontecimentos por uma causa que empurra o móbil passivo numa direção previsível ("Guardas, obedeçam!"), mas, sendo o futuro imprevisível, resignamo-nos à solução bastarda de enfeitar a inteligibilidade com a contingência: uma pequena pedra pode bloquear ou desviar o móbil, o guarda pode não obedecer (e, se tivesse obedecido, escreve Trotsky, não teria havido revolução em Leningrado em fevereiro de 1917) e a revolução pode não estourar (e, também escreve Trotsky, se Lenin tivesse uma pedra na bexiga, a revolução de Outubro de 1917 não teria estourado). Pedras tão mínimas que não têm nem a dignidade dos esquemas inteligíveis nem a dignidade de desqualificar os referidos esquemas.

Mas suponhamos que, em vez de uma causa, corrigida pela contingência, tenhamos elasticidade e um polígono de número indefinido de lados (pois, muitas vezes, o recorte dos lados se faz à luz retrospectiva do acontecimento). O acontecimento produzido é ele próprio ativo: ocupa como um gás todo o espaço livre deixado entre as causas e tende mais a ocupá-los do que a não ocupá-los: a história se gasta por nada e não provê às suas necessidades. A possibilidade de prever dependerá da configuração de cada polígono e será sempre limitada, porque nunca saberemos levar em conta um número in(de)finido de lados, dos quais nenhum é mais determinante que os outros. O dualismo da inteligibilidade corrigida pelo reconhecimento de uma contingência apaga-se ou, melhor, é substituído pela contingência em um sentido diferente e, na verdade, mais rico do que o do nariz de Cleópatra: negação de um primeiro motor da história (tal como a relação de produção, a Política, a vontade de poder) e afirmação da pluralidade dos motores (diríamos, antes: a pluralidade desses obstáculos que são os lados do polígono). Mil pequenas causas tomam o lugar de uma inteligibilidade. Esta desaparece também porque um polígono não é um esquema: não existe esquema trans-histórico da revolução ou das preferências sociais em matéria de literatura ou culinária. Consequentemente, todo acontecimento se parece mais ou menos com uma invenção imprevisível. Explicitar esse acontecimento será mais interessante do que enumerar suas pequenas causas e, em todo caso, será a tarefa preliminar. Enfim, se tudo é história e se existem tantos polígonos diferentes quanto revoluções, de que as ciências humanas ainda poderiam falar? O que poderiam nos ensinar sobre o mito grego que a história não nos ensinaria?

Diversidade social das crenças e balcanização dos cérebros

As pessoas não sabem o que não têm direito de procurar saber (daí a cegueira sincera de tantos pais ou maridos) e não duvidam daquilo em que outros acreditam, se são respeitáveis: as relações entre verdades são relações de força. Daí o que chamamos de má-fé.

Elas distinguiam dois domínios: os deuses e os heróis; pois não conheciam fábula ou função fabuladora em geral, mas julgavam os mitos segundo seu conteúdo. A crítica das gerações heroicas consistia em transformar os heróis em simples homens e tornar essas gerações homogêneas às chamadas gerações humanas, isto é, à história desde a guerra de Troia. O primeiro ato dessa crítica era eliminar da história a intervenção visível dos deuses. Não havia a menor dúvida sobre a existência desses deuses, mas, nos dias atuais, na maioria das vezes, os deuses permanecem invisíveis aos homens: isso já acontecia antes da guerra de Troia e todo o maravilhoso homérico não passa de invenção ou credulidade. Havia também uma crítica das crenças religiosas, mas era muito diferente: alguns pensadores negaram pura e simplesmente seja a existência de qualquer deus que fosse, seja talvez apenas a dos deuses em que as pessoas acreditavam; em compensação, a imensa maioria dos filósofos, assim como os espíritos cultivados, mais procuravam uma ideia dos deuses que não fosse indigna da majestade divina do que os criticavam: a crítica religiosa consistia em salvar a ideia dos deuses, depurando-a de toda superstição, e a crítica dos mitos heroicos salvava os heróis, tornando-os tão verossímeis quanto os simples homens.

As duas críticas eram independentes, e os espíritos mais devotos teriam sido os primeiros a eliminar da chamada época heroica as intervenções pueris, os milagres e as batalhas dos deuses que Homero conta na *Ilíada*; ninguém cogitava esmagar a Infame e transformar a crítica dos heróis numa máquina de guerra ou numa guerrilha de alusões contra a religião. Eis o paradoxo: houve quem não acreditasse na existência dos deuses, mas jamais ninguém duvidou da existência dos heróis. E por um excelente motivo: os heróis foram apenas homens aos quais a credulidade emprestou características maravilhosas, e como podemos duvidar de que os seres humanos existem e existiram? Em compensação, nem todo mundo estava disposto a acreditar na realidade dos deuses, porque não podiam vê-los com os próprios olhos. Daí resulta que, no período que vamos estudar e que se estende por quase um milênio, do século V a.C. ao século IV d.C., absolutamente ninguém, nem mesmo os cristãos, manifestou a menor dúvida sobre a historicidade de Eneias, Rômulo, Teseu, Hércules, Aquiles e mesmo de Dioniso ou, melhor, todos afirmaram essa historicidade. Explicitaremos mais adiante os pressupostos dessa longa confiança; primeiro, descreveremos quais gregos acreditavam no quê durante esses nove séculos.

Existia, no povo, uma profusão de superstições folclóricas que, às vezes, eram encontradas também no que já era chamado de mitologia. Nas classes sociais em que se lia, essa mitologia tinha confiança total, tanto quanto na época de Píndaro: o

Os gregos acreditavam em seus mitos?

grande público acreditava na realidade dos centauros e não submetia a lenda de Héracles ou Dioniso a críticas; a candura dos leitores da *Legenda áurea* será a mesma, e pelas mesmas razões: eles acreditarão nos milagres de são Nicolau e na lenda de santa Catarina (a "Minerva dos papistas", como será chamada pelos protestantes) por docilidade à palavra do outro, por ausência de sistematização da experiência cotidiana e por um estado de espírito respeitoso e edificante. Os doutos, enfim, praticavam a crítica histórica dos mitos com o sucesso que conhecemos. O resultado sociologicamente curioso é o seguinte: a candura do público e a crítica dos doutos não lutavam uma contra a outra pelo triunfo das Luzes, e a primeira também não era culturalmente desvalorizada; disso resultava, no campo das relações de força simbólica, uma coexistência pacífica que cada indivíduo interiorizava, pertencesse ele ao clã dos doutos ou não; isso produzia nele, de um lado, semicrenças, hesitações, contradições e, de outro, a possibilidade de representar em vários palcos. Daí, em particular, um uso "ideológico" ou, melhor, retórico da mitologia.

No *Satíricon*, de Petrônio, um novo-rico ingênuo conta que viu com seus próprios olhos uma sibila magicamente miniaturizada e fechada numa garrafa, como contam de um gênio as *Mil e uma noites*; no *Atrabiliário*, de Menandro, um misantropo pagaria caro para ter os objetos mágicos do herói Perseu: o elmo que o tornava invisível e a máscara da Medusa, que permitia transformar os enfadonhos em estátuas; ele não fala por provérbios: ele acredita em todas essas maravilhas. Na mesma época, doutos que pertenciam à classe social mais alta e eram escritores famosos, como Plínio, o Jovem, perguntavam-se se deviam acreditar nos fantasmas com tanta seriedade como, segundo me disseram, perguntavam-se a mesma coisa os contemporâneos de Shakespeare na Inglaterra.

Não se pode duvidar de que os gregos acreditaram em sua mitologia, enquanto as ouviram de suas mães ou amas.

Ariadne foi abandonada, enquanto dormia, na ilha de Dia pelo pérfido Teseu; tua ama deve ter-te contado essa história, porque são sábias nessa matéria as mulheres dessa condição, e choram à vontade ao contá-la; portanto, minha criança, não preciso dizer-te que foi Teseu que o navio levou e foi Dioniso quem se viu na praia...[56]

Estabeleceremos, portanto, que "a fé nos mitos é a aceitação de acontecimentos inautênticos e inventados, como os mitos relativos a Cronos, entre outros; de fato, eles tinham a confiança de muitos".[57]
Mas que mitos as amas contavam às crianças? Falavam-lhes dos deuses, com toda a certeza, pois a devoção e a superstição assim mandavam; assustavam-nas com monstros e Lâmias; por conta própria, contavam histórias românticas sobre Ariadne ou Psique, e choravam. Mas elas ensinavam às crianças os grandes

---

56 Filóstrato, Ariane, in: _____, Imagines, I, 14, (15). O tema da ama ou da mãe que conta fábulas remonta a Platão (*A república*, 378 C, e *As leis*, 887 D). As amas contavam contos assustadores sobre as Lâmias ou o cabelo do Sol, escreve Tertuliano (*Ad valentinianos*, 3). Para Platão, são contos de velhas (*Lísis*, 205 D); são as *aniles fabulae* de que fala Minúcio Félix (XX, 4), e que aprendemos com nossos *imperiti parentes* (XXIV, 1). No *Heroico*, de Filóstrato, o vinhateiro pergunta ao autor: "Quando começaste a achar as fábulas inacreditáveis?", e Filóstrato, ou seu porta-voz, responde: "Há muito tempo, quando era adolescente; porque, enquanto fui criança, acreditei nessas fábulas e minha ama me divertia com esses contos, que ela acompanhava com uma linda canção; algumas dessas fábulas a faziam até chorar; mas, quando me tornei rapazinho, pensei que não devia mais aceitar essas fábulas levianamente" (*Heroikos*, 136-7 Kayser; p.8, 3 De Lannoy). Quintiliano também fala de *aniles fabulae* (*Institutio oratoria*, I, 8, 19). Em *Hipólito*, de Eurípides, a ama compromete os doutos nessa questão: antes de contar a fábula de Sêmele, ela cita doutos que viram livros sobre essa lenda (*Hipólito*, 451). Num extraordinário epitáfio métrico de Quios (Kaibel, *Epigrammata*, 232), duas senhoras "de uma excelente família de Cós" lamentam a luz: "Ó doce Aurora, tu para quem cantamos, à luz da lâmpada, os mitos dos semideuses!". Talvez as canções que estavam na boca de todos tivessem um mito como tema: em Horácio (*Odes*, I, 17, 20), a bela Tíndaris cantará para Horácio, na intimidade, *Penelopen vitreamque Circen*.
57 Sexto Empírico, *Hipotiposes pirrônicas*, I, 147.

ciclos míticos, Tebas, Édipo, os Argonautas? O menino e também a menina[58] não tinham de esperar até estar sob a férula do gramático para conhecer as grandes lendas?[59] Devemos dizer algumas palavras sobre um texto famoso, mas ainda pouco estudado, o *Discurso heroico*, de Filóstrato; texto difícil, porque a estilização, a fantasia e a ideologia passadista e patriótica, como é costume na segunda sofística, misturam-se à realidade contemporânea. Filóstrato conheceu um pobre camponês[60] que cultivava vinhas a pouca distância do túmulo do herói Protesilau; o vinhateiro deixava inculta parte de suas terras (ele próprio as cultivava, depois que as tirou de seus escravos, que lhe rendiam muito pouco), porque essas terras haviam sido consagradas ao herói pelo antigo proprietário, a quem o fantasma de Protesilau havia aparecido. Esse fantasma continua a aparecer ao nosso vinhateiro e aos camponeses da vizinhança, assim como os fantasmas dos aqueus que partiram com Protesilau para sitiar Troia: às vezes, viam as suas sombras empenachadas se agitar na planície. Em vez de pôr medo, o fantasma do herói é amado; ele dá conselhos aos lavradores, é presságio de chuva e tempo bom; os moradores da região fazem promessas ao herói, escrevem

---

58 As meninas seguiam as lições do gramático, mas paravam antes de passar sob a férula do retórico; acrescento que as classes eram "mistas": meninas e meninos escutavam lado a lado o gramático. Esse detalhe, que parece pouco conhecido, encontra-se em Marcial, VIII, 3, 15, e IX, 68, 2, e em Sorano, *Sobre as doenças das mulheres*, cap.92 (p.209 Dietz); cf. Friedländer, *Sittengeschichte Roms*, I, 409. Aprendia-se mitologia na escola.

59 Sobre as Lâmias e outros bichos-papões gregos, cf. sobretudo Estrabão, I, 8, C, 19, num capítulo muito importante, aliás, para o estudo das atitudes diante do mito. Sobre Amor e Psique, cf. Weinreich, *Das märchen von Amor und Psyche und andere Volksmärchen im Altertum*, in: Friedländer, op. cit., v.4, p.89.

60 *Tão pobre que, apesar de não viver em autarcia, ele* ignora o uso da moeda e troca vinho e trigo por um boi ou um carneiro (I, 129, 7 Kayser). Isso é plausível; cf. Crawford (Money and Exchange in the Roman World, *Journal of Roman Studies*, v.60), sobre a raridade das descobertas de moedas nos sítios arqueológicos não urbanos.

seus pedidos na estátua,[61] já sem forma, que se ergue sobre o túmulo, porque Protesilau cura todas as doenças. Ele também protege as investidas dos amantes que procuram os favores de um adolescente; em compensação, é implacável com os adúlteros, porque tem senso moral. Como podemos ver, essa história de culto aos heróis é também uma história de fantasmas.[62] A continuação do diálogo é uma fantasia homérica ao gosto da época: o vinhateiro revela uma miríade de detalhes desconhecidos sobre a guerra de Troia e seus heróis; ele sabe desses detalhes por seu amigo Protesilau em pessoa. Essa parte do diálogo é a mais longa e, para Filóstrato, a mais importante. Temos a impressão de que Filóstrato teve conhecimento da existência de uma superstição de camponeses a respeito de um velho santuário rústico e a relacionou com a mitologia, que se tornara clássica e escolar; ele mergulha os leitores, seus compatriotas, num helenismo sem idade, o de Luciano ou Longo, numa Grécia eterna, tão querida pelo classicismo nacionalista daqueles tempos em que o patriotismo helênico reagia contra a dominação romana. Não há dúvida de que os camponeses que lhe serviram de modelo não sabiam nada a respeito da guerra de Troia; não é difícil acreditar que o centro desse culto ingênuo era o velho túmulo de Protesilau; mas o que os camponeses sabiam ainda do herói a quem davam esse nome?

---

61 Filóstrato, *Heroikos*, IX, 141, 6. Nas fontes de Clitunno, as paredes e as colunas do santuário eram cobertas de inscrições "que celebravam o deus" (Plínio, *Cartas*, VIII, 8). Cf. em Mitteis e Wilcken (*Grundzüge und Chrestomathie der Papyruskunde*) uma carta de um certo Nearcos (n.117). Sabe-se da existência de semelhantes inscrições de "proscinema" no Egito (por exemplo, nas pedras de um templo, em Talmis; cf. Nock, *Essays*, p.358). A primeira peça das *Priapeias* (da qual temos uma cópia epigráfica, *Corpus inscriptionum latinarum*, V, 2803... a não ser que se trate do original) faz alusão: "O pouco que valem estes versos, que nas paredes do teu templo escrevi com vagar, quere tomá-los com bons olhos, rogo-te [ó Príapo]".

62 Sobre a "querela dos fantasmas" no século II, cf. Plínio, *Cartas*, VII, 27; Luciano, *Filopseudo*; Plutarco, prefácio da *Vida de Dion*.

Os gregos acreditavam em seus mitos?

O povo tinha suas lendas, nas quais se falava de certos mitos; também tinha heróis, como Héracles, cujo nome e natureza todos conheciam, se não os detalhes de suas aventuras; outras lendas absolutamente clássicas eram conhecidas por meio de canções.[63] Em todo caso, a literatura oral e a iconografia apresentavam a todos a existência e a modalidade de ficção de um mundo mitológico do qual se podia sentir o sabor, embora os detalhes fossem ignorados. Esses detalhes eram conhecidos apenas por aqueles que haviam frequentado a escola. Mas, ainda que de maneira um pouco diferente, não foi sempre assim? Acreditamos realmente que a Atenas clássica foi uma grande coletividade cívica, em que as mentes eram uma só, o teatro selava a união dos corações e o cidadão médio sabia tudo sobre Jocasta ou o retorno dos Heráclidas?

A essência de um mito não é ser conhecido de todos, mas supostamente o ser e ser digno de o ser; de todo modo, ele não era conhecido em geral. Na *Poética*,[64] três palavras dão pano para manga; segundo Aristóteles, não somos obrigados a nos limitar aos mitos consagrados, quando escrevemos uma tragédia: "Isso seria um zelo engraçado, já que os sujeitos conhecidos são conhecidos somente por umas poucas pessoas; eles não agradam menos a todo mundo". O público ateniense conhecia globalmente a existência de um mundo mítico, onde se passavam as tragédias, mas ignorava os detalhes das fábulas; de toda maneira, ele não tinha necessidade de conhecer os mínimos detalhes da lenda de Édipo para acompanhar *Antígona* ou *As fenícias*: o poeta trágico tinha o cuidado de informar tudo ao público, como se tivesse inventado a intriga. Mas o poeta não se colocava acima do público, já que o mito era supostamente conhecido; ele não sabia mais do que os outros, não fazia literatura erudita.

---

63 Sobre essas canções, cf. nota 56, *ad finem*. Acrescentar Eurípides, *Íon*, 507.
64 Aristóteles, *Poética*, IX, 8; Jaeger, *Paideia*, v.1, p.326.

Tudo muda na época helenística: a literatura se pretende douta; não que pela primeira vez seja reservada a uma elite (Píndaro ou Ésquilo não eram exatamente escritores populares), mas ela exige do público um esforço cultural que deixa os amadores de fora; os mitos são substituídos por aquilo mesmo que ainda chamamos de mitologia e que sobreviverá até o século XVIII. O povo continuava a ter seus contos e superstições, mas a mitologia, agora erudita, afastava-se dele: ela tinha, aos olhos do povo, o prestígio de um saber da elite,[65] que classifica a questão.

Na época helenística, quando a literatura se tornou uma atividade específica, cultivada por si mesma por autores e leitores, a mitologia se torna uma disciplina, e em breve será ensinada na escola. Mas nem por isso será uma coisa morta, ao contrário: continua a ser um dos grandes elementos da cultura e uma pedra no caminho dos letrados. Calímaco recolhia variantes raras das grandes lendas e dos mitos locais, não de maneira frívola (não há nada menos frívolo que o alexandrinismo), mas com uma devoção patriótica; supôs-se até que ele e seus êmulos tenham percorrido o mundo grego com o propósito deliberado de recolher essas lendas.[66] Quatro séculos depois, Pausânias percorreu a Grécia e vasculhou bibliotecas com a mesma paixão. A mitologia tornou-se livresca e continuava a crescer, mas as publicações eram adaptadas ao gosto da época: a nova literatura lendária[67] de diversão prefere cultivar as metamorfoses e os catasterismos; e eles ainda eram cultivados nos tempos de Catulo, da *Ciris* e de Ovídio. Enfim, por obra dos gramáticos e dos retóricos, a fábula, introduzida nos manuais, vai passar por uma codificação que a simplificará, dará uma versão oficial aos grandes ciclos e deixará que as variantes caiam no esquecimento. Essa vulgata escolar,

---

65 Essa é a ideia que fazia dela Trimalquião (Petrônio, XXXIX, 3-4; XLVIII, 7; LII, 1-2).
66 Rohde, *Der griechische Roman*, p.24 e 99.
67 Nilsson, *Geschichte der griech*, v.2, p.58.

Os gregos acreditavam em seus mitos?

destinada ao estudo dos autores clássicos, constitui a mitologia tal como a encontramos num Luciano; é ela que será ensinada aos colegiais da Europa clássica. Restava o lado sério da questão: o que pensar dessa massa de narrativas? Aqui, duas escolas (que confundimos sem nenhuma razão com o termo demasiado moderno de tratamento racional do mito): de um lado, os crédulos, como Diodoro, mas também Evêmero; de outro, os doutos. Existia, de fato, um público crédulo, mas cultivado, que exigia um maravilhoso novo; esse maravilhoso não devia mais ser situado num passado sem idade, além do verdadeiro e do falso: as pessoas queriam que ele fosse "científico" ou, melhor, histórico. Elas não podiam mais acreditar no maravilhoso à moda antiga; o motivo, acredito, não é a *Aufklärung* dos sofistas, mas o sucesso do gênero histórico; dali em diante, para ter público, o mito terá de passar por história. Isso dará a essa mistificação a aparência enganadora de uma racionalização; daí o aspecto falsamente contraditório de Timeu, um dos grandes fornecedores do gênero: Timeu escreveu uma história "cheia de sonhos, prodígios, relatos inacreditáveis, em suma, superstições grosseiras e contos de mulher do povo";[68] o mesmo Timeu dá uma interpretação racional dos mitos.

Muitos historiadores, diz Diodoro, "evitaram a história dos tempos fabulosos por considerá-la uma dificuldade";[69] ele mesmo fará questão de preencher essa lacuna. Zeus foi um rei, filho de um certo Cronos que reinou sobre todo o Ocidente; esse Zeus foi realmente o mestre do mundo; não se deve confundir esse Zeus com um de seus homônimos,[70] que foi apenas

---

68 Políbio, XII, 24, 5.
69 Diodoro, I, 3.
70 Ibid., III, 61; os livros IV e VI são dedicados às gerações heroicas e divinas da Grécia. A guerra de Troia se encontrava, provavelmente, no livro VII. Esses primeiros livros de Diodoro, com seu panorama geográfico e uma parte enorme de mítico, dão talvez uma ideia do que foram os primeiros livros de Timeu.

rei de Creta e teve dois filhos, chamados Curetes. Cem páginas adiante, o mesmo Diodoro[71] toma como certas e seguras as viagens imaginárias de Evêmero a ilhas maravilhosas; uma dessas ilhas teve como reis Urano, Cronos e Zeus, que foram divinizados por seus evérgetas, como comprovam as inscrições gravadas na língua do país, e que, "entre nós", tomamos por deuses. Evêmero disfarçou de ficção uma operação de desmistificação religiosa ou até política? Sua intenção não era fornecer aos leitores razões modernas para acreditar no mito e no maravilhoso? As pessoas eram de uma indulgência infinita com os fabuladores. Não davam muita importância às fábulas que liam nos próprios historiadores, mesmo que não admitissem ter "mitografado", pois, diz Estrabão,[72] elas sabiam que eles não tinham outro propósito a não ser divertir e surpreender com um maravilhoso inventado. Mas o maravilhoso da época helenística tem nuances racionalistas, de modo que por inadvertência os modernos se sentem tentados a louvar neles um combate pela verdade e pelas luzes.

De fato, havia leitores para os quais a exigência de verdade existia e outros para os quais ela não existia. Uma passagem de Diodoro vai nos esclarecer. É difícil contar a história dos tempos míticos, diz esse historiador, ainda que seja apenas pela

---

71 Em V, 41-6, e num fragmento do livro VI, preservado por Eusébio (*Preparação evangélica*, II, 59). Dörrie (Der Königskult des Antiochos von Kommagene, *Abhandlungen der Akademie der Wissenschaften in Göttingen*, III, 60, p.218) considera que o romance de Evêmero era uma utopia política e um espelho dos príncipes; ele dava o modelo ou a justificação do rei evérgeta. Talvez. Contudo, a parte de maravilhoso e pitoresco supera de longe a das alusões políticas; além do mais, nem toda a ilha de Pancaia obedece a um rei: existe ali uma cidade, uma espécie de república sacerdotal. De fato, a ideia de que os deuses são homens meritórios, que foram divinizados ou tomados por deuses, está por toda a parte e ultrapassa amplamente a obra de Evêmero, que se limitou a tirar proveito disso para escrever um conto.
72 Estrabão, I, 2, 35, p.43 C.

imprecisão da cronologia; essa imprecisão faz muitos leitores não levarem a história mítica a sério.[73] Além do mais, os acontecimentos dessa época distante são remotos e inverossímeis demais para que se acredite facilmente neles.[74] O que fazer? As façanhas de Héracles são tão gloriosas quanto sobre-humanas:

> ou silenciamos certos desses grandes feitos, e a glória do deus é diminuída por causa disso, ou contamos todos e não encontramos crédito. Pois certos leitores exigem injustamente o mesmo rigor tanto nas velhas lendas quanto nos acontecimentos do nosso período; julgam façanhas que são contestadas conforme o vigor físico tal qual se apresenta nas condições atuais e imaginam a força de Héracles pelo modelo da fraqueza dos homens atuais.

Esses leitores que aplicam a Héracles o falso princípio das coisas atuais erram também ao querer que as coisas se passem no palco como se passam na rua, o que é faltar ao respeito aos heróis:

> Em matéria de história lendária, não se deve exigir severamente a verdade, pois tudo se passa como no teatro: lá, não acreditamos na existência de centauros metade humanos e metade animais, ou de um Gerião de três torsos, mas não aceitamos menos as fábulas desse gênero e, aplaudindo, prestamos homenagem ao deus. Pois Héracles passou a vida tornando a terra habitável: seria chocante que os homens perdessem a lembrança de seu comum evérgeta e contestassem mesquinhamente sua parte de louvor.

Texto revelador em sua hábil candura. Adivinhamos nele a coexistência conflituosa de dois programas de verdade: um

---

73 Diodoro, IV, 1, 1.
74 Ibid., IV, 8. No livro II da *Preparação evangélica*, Eusébio cita longamente as mitografias de Diodoro sobre Cadmo ou Héracles.

crítico e outro respeitoso.⁷⁵ O conflito havia feito os partidários do segundo passar da espontaneidade para a fidelidade a si mesmos: eles tinham, a partir de então, "convicções" e exigiam respeito por elas; a ideia de verdade passava para o segundo plano: o não respeito era escandaloso, e o que era escandaloso era falso. Todo bem sendo também verdadeiro, só era verdadeiro o que era bem. Diodoro, que se vende para o público, banca o homem-orquestra: ele é capaz de ver as coisas com os olhos de um campo e de outro, dar a impressão, aos que pensam bem, que concilia o ponto de vista das críticas e, por fim, coloca-se a si no partido dos bem-pensantes. Ele parece agir de má-fé porque expressa a crença de respeito de uns na linguagem crítica dos outros. Isso prova ao menos que os crentes ainda eram numerosos: em sua versão modernizada, Hércules e Baco não eram mais figuras divinas, mas deuses que eram homens ou homens divinos, e a quem a humanidade devia a civilização.

E, de fato, de quando em quando um incidente espetacular⁷⁶

---

75 Por volta de 1873, o jovem filósofo Nietzsche escreveu: "que liberdade poética os gregos usavam com seus deuses! Habituamo-nos demais a contrapor em história a verdade e a não verdade; quando pensamos que é absolutamente necessário que os mitos cristãos se deem por historicamente autênticos! [...] O homem exige a verdade e oferece-a [leistet sie] no comércio ético com outros homens; toda a vida coletiva se baseia nisto: antecipamos os efeitos nefastos de mentiras recíprocas; daí é que nasce o dever de dizer a verdade. Mas permitimos a mentira ao narrador épico, porque nesse caso não há nenhuma consequência nociva que se temer; a mentira é permitida, portanto, quando proporciona prazer: beleza e graça da mentira, mas desde que não cause dano! É assim que o padre inventa os mitos de seus deuses: a mentira serve para provar que os deuses são sublimes. Temos grande dificuldade para reviver o sentimento mítico da liberdade de mentir; os grandes filósofos gregos viviam ainda inteiramente nesse direito à mentira [*Berechtigung zur Lüge*]. A procura da verdade é uma aquisição que a humanidade fez com extrema lentidão" (*Philosophenbuch*, p.44 e 70, t.X.
76 Dion Cassius, LXXIX, 18, encontrando-se na Ásia em 221, foi testemunha do seguinte acontecimento, no qual acredita sem ressalvas: "Um *daimon* que dizia ser o famoso Alexandre da Macedônia, que lhe parecia de resto

revelava que o povo e as elites continuavam a acreditar nesse maravilhoso semidivino.

Os testemunhos convergem: a maioria do público acreditava nas lendas sobre Cronos, diz Sexto Empírico; acredita no que as tragédias contam de Prometeu, Níobe e Teseu, escrevem Artemidoro e Pausânias. Por que não? Os doutos também acreditavam em Teseu: o povo se limitava a não depurar o mito. Como na época arcaica, o passado da humanidade era precedido de um período maravilhoso, que era um outro mundo. Real em si mesmo e irreal em relação ao nosso. Quando um personagem de Plauto,[77] já sem outros recursos, declara: "Rogarei a Aquiles que me dê o ouro que ele recebeu pelo resgate de Heitor", ele aponta comicamente a maneira mais fantástica possível para conseguir ouro. Nessa civilização, as pessoas não percebiam nada além de um horizonte temporal muito próximo: elas se perguntavam, como Epicuro, se o mundo tinha um milênio ou dois, não mais do que isso, ou, como Aristóteles e Platão, se ele não era eterno, mas destruído por catástrofes periódicas, e depois de cada uma tudo recomeçava como antes, o que equivalia a pensar como Epicuro. Sendo o ritmo de vida do nosso mundo tão curto, o mundo pode ter passado por grandes evoluções; a época homérica, as gerações heroicas eram a Antiguidade para essa antiga civilização. Quando Virgílio quis pintar a Cartago arcaica, como devia ter sido onze séculos antes

---

e estava equipado como ele, surgiu das regiões danubianas, onde apareceu não sei como; atravessou a [Mésia?] e a Trácia, comportando-se como Dioniso, com quatrocentos homens, munidos de um tirso e de uma *nebris*, que não faziam mal a ninguém". As multidões correram para ver, governadores e procuradores à frente; "ele se transferiu [ou: "conduziram-no em cortejo"] até Bizâncio, de dia, assim como ele havia anunciado, depois trocou essa cidade por Calcedônia; lá, realizou ritos noturnos, enterrou um cavalo de madeira e desapareceu".

77 Plauto, *Mercator*, 487, comentado por Fraenkel, *Elementi plautini in Plauto*, p.74. Sobre Sexto Empírico, Artemidoro e Pausânias, cf. as notas 57, 134 e 22.

de sua época, ele lhe deu um caráter homérico; nada menos flaubertiano do que a cidade de Dido... Heródoto já contrapunha as gerações heroicas às gerações humanas. Muito depois, quando Cícero quis se encantar com um sonho filosófico de imortalidade e deu a esse sonho o caráter de um idílio nos campos elísios,[78] ele se alegrou ao pensar que, nessas doutas pradarias, sua alma conversaria com a do sábio Ulisses ou do astuto Sísifo; se o devaneio de Cícero tivesse sido menos feérico, ele teria prometido a si mesmo entreter-se com figuras históricas romanas, como Cipião, Catão ou Marcelo, cuja memória é evocada quatro páginas adiante. Um erudito, na mesma época, deu uma clareza didática a esses problemas: segundo Varrão,[79] de Deucalião ao dilúvio, transcorreu a idade obscura; do dilúvio à primeira olimpíada (quando a cronologia é garantida), houve a idade mítica, "assim chamada porque comporta muitas fábulas"; da primeira olimpíada, em 776 a.C., à época de Varrão e Cícero, estende-se a idade histórica, quando "os acontecimentos são relatados em livros de história verídicos".

Como podemos ver, os doutos não estão dispostos a cair na esparrela; mas, como primeiro paradoxo, eles duvidam com mais facilidade dos deuses do que dos heróis. Por exemplo, Cícero. Em política e moral, ele é sensivelmente análogo a Victor Cousin e é bem capaz de acreditar no que convém aos seus interesses. Em compensação, tem um temperamento religiosamente frio e, nesse campo, é incapaz de professar aquilo em que não acredita; todo leitor de seu tratado sobre a natureza dos deuses convirá que ele não acredita muito neles nem tenta dar a entender o contrário por cálculo político. Ele deixa transparecer que em sua época, assim como na nossa, os indivíduos se dividiam no que se referia à religião; Castor e Pólux apareceram realmente a um tal Vatienus numa estrada dos arredores de Roma? A questão

---

78 Cf. nota 24; Cícero, *Tusculanas*, I, 41, 98.
79 Varrão, apud Censorino, *De die natali*, 21.

Os gregos acreditavam em seus mitos?

era discutida entre devotos à moda antiga e céticos;[80] os indivíduos também se dividiam a respeito da fábula: segundo Cícero, a amizade de Teseu e Pirítoo e a descida deles aos Infernos não passa de invenção, *fabula ficta*. Então, poupemos ao leitor as considerações de praxe sobre o interesse de classe da religião e da mitologia. Ora, o mesmo Cícero, que não acredita nem na aparição de Castor e de seu irmão nem provavelmente na própria existência de Castor, e não esconde isso de ninguém, admite plenamente a historicidade de Eneias e de Rômulo; do mesmo modo, essa historicidade só foi questionada no século XIX.

O segundo paradoxo é que quase tudo que se conta desses personagens é apenas uma fábula vazia, mas a soma dos zeros dá um total positivo: Teseu existiu de fato. Em seu *Tratado das leis*, Cícero, desde a primeira página, brinca agradavelmente com a pretensa aparição de Rômulo depois de sua morte e as conversas do bom rei Numa com a ninfa Egéria; em sua *República*,[81] ele também não acredita que Rômulo seja filho do deus Marte, que teria engravidado uma vestal: fábula venerável, mas ainda assim fábula; e ele acredita menos ainda na apoteose do fundador de Roma: a divinização póstuma de Rômulo é uma lenda boa apenas para as eras ingênuas. Nem por isso Rômulo deixa de ser um personagem historicamente autêntico, e o que a sua divinização

---

80 Cícero, *De natura deorum*, III, 5, 11. Do mesmo modo, em *A arte de amar*, I, 637, Ovídio confessa que acredita nos deuses com hesitação e reserva (cf. Fränkel, *Ovid*, p.98 e nota 65, p.194), Filémon escreveu: "Tens deuses e presta-lhes culto, mas não indagues nada a respeito deles; tua busca não te trará nada mais; não queiras saber se existem ou não: adora-os como existentes e como muito próximos de ti" (fragmento 118 AB Kock, em Estobeu, II, 1, 5). Cf. Aristófanes, *Os cavaleiros*, 32. Sobre a amizade de Teseu e Pirítoo como *fabula ficta*, cf. *De finibus*, I, 20, 64.

81 Cícero, *De re publica*, II, 2, 4 e 10, 18. As pessoas acreditaram na historicidade de Rômulo até em pleno século XIX, mas por razões diferentes das de Cícero, como veremos: Cícero acredita em Rômulo, fundador de Roma, porque o mito contém um núcleo histórico (onde há fumaça há fogo) e a história é a política do passado; Bossuet acredita em Rômulo ou Hércules por respeito aos textos, que ele distingue mal da realidade.

tem de curioso, segundo Cícero, é precisamente o fato de que foi inventada em plena idade histórica, já que se situa após a sétima olimpíada. De Rômulo e Numa, Cícero duvida de tudo, exceto da própria existência. Mais precisamente, existe aqui um terceiro paradoxo: ora os doutos parecem extremamente céticos em relação à fábula no todo e a despacham com algumas palavras apressadas, ora parecem de novo absolutamente crédulos e esse retorno à credulidade ocorre cada vez que, diante de um episódio da fábula, eles querem ser pensadores sérios e responsáveis. Má-fé, crença pela metade? Não, mas oscilação entre dois critérios do verdadeiro: um era a negação do maravilhoso e o outro a convicção de que era impossível mentir radicalmente.

A fábula é verdadeira ou falsa? Ela é suspeita, daí o mau humor: são contos de mulher do povo. As diferentes cidades, escreve um retórico,[82] devem sua origem ou a um deus, ou a um herói, ou ao homem que a fundou. "Dessas diferentes etiologias, as que são divinas ou heroicas são lendárias (*mythôdes*) e as que são humanas são mais dignas de confiança". A palavra mito mudou de valor desde a época arcaica; quando um autor não se responsabiliza mais por uma narrativa e emprega o estilo indireto: "um mito diz que...", ele não tem mais a intenção de tornar notória uma informação que pairava no ar: ele quer tirar o corpo fora e deixar que cada um pense o que quiser. "Mito" tornou-se uma palavra ligeiramente pejorativa que designa uma tradição suspeita. Um texto marcou época: um belo dia, Isócrates[83] sentiu necessidade de protestar virtuosamente que uma lenda não tinha incrédulos; "Zeus", diz ele, "gerou Héracles e Tântalo, como dizem os mitos e como creem todos"; esse zelo desastrado trai certa consciência pesada. Não sabendo mais o que pensar, o historiador Éforo começou sua história com a narrativa do

---

82 Menandro, o Retórico, Sobre os discursos epidícticos. In: Spengel, *Rhetores Graeci*, v.3, p.359, 9.
83 Isócrates, *Demonicos*, 50.

retorno dos Heráclidas[84] e recusou-se a recuar mais; para nós, isso representa ainda uma bela fatia do passado lendário. Éforo rejeitava as narrativas mais antigas porque as considerava falsas? Acreditamos que ele perdeu a esperança de encontrar a verdade e preferiu se abster. Na verdade, teve de renunciar dolorosamente à tendência dos historiadores antigos a aceitar toda a tradição em bloco, à maneira de uma vulgata.

Éforo se absterá de aprovar, mas ele e seus semelhantes também se absterão de condenar; aqui começa o segundo movimento de que falávamos: o retorno à credulidade por intermédio de uma crítica metódica. Existe um fundo de verdade em toda lenda; consequentemente, quando passam do todo, que é suspeito, para o detalhe e os mitos um a um, eles são de novo cautelosos. Eles duvidam dos mitos em bloco, mas nenhum negou o fundo de historicidade de nenhuma lenda; quando não se trata mais de manifestar uma dúvida global, mas de proferir uma sentença sobre um ponto determinado e comprometer sua palavra de erudito sério, o historiador começa a acreditar de novo. Ele se empenha em selecionar e salvar o fundo de verdade.

Devemos tomar cuidado: quando Cícero, em seu *De re publica*, ou Tito Lívio, em seu prefácio, admitem que os acontecimentos "que precederam a fundação de Roma" são conhecidos apenas "enfeitados de lendas boas para poetas, em vez de transmitidos por monumentos não danificados", eles não entreveem a crítica histórica moderna, não prefiguram Beaufort, Niebuhr ou Dumézil, não denunciam a incerteza geral dos quatro séculos que se passaram desde a fundação e a ausência de qualquer documento contemporâneo desse período: eles lamentam que os documentos relativos a um período ainda mais antigo não sejam garantidos; porque esses documentos existem: são tradições, mas suspeitas. Não porque são muito posteriores aos fatos, mas

---

84 Diodoro, IV, 1, 2.

porque a credulidade se misturou a elas. O que Tito Lívio ou Cícero se negam a endossar é o nascimento divino de Rômulo ou o milagre dos navios de Eneias transformados em ninfas.

O conhecimento dos períodos lendários vai depender, portanto, de um modo de saber que é absolutamente habitual para nós, mas incomoda os antigos quando se tratava da história: a crítica, o conhecimento conjectural, a hipótese científica; a conjectura, a *eikasis*, toma o lugar da confiança na tradição. Seu fundamento será o seguinte: o passado é semelhante ao presente. Esse já fora o fundamento sobre o qual Tucídides, procurando conhecer mais do que a tradição, ergueu sua reconstrução genial e perfeitamente falsa e gratuita dos primeiros tempos da Grécia.

Como esse princípio permite também depurar o mito de sua parte de maravilhoso, torna-se possível acreditar em todas as lendas, e foi o que fizeram os grandes espíritos dessa grande época. Aristóteles, por exemplo, domina suas palavras e, quando quer dizer "contam que..." ou "segundo se acredita...", ele diz; ele distingue o mito e o que não é mítico.[85] Ora, vimos que ele não duvida da historicidade de Teseu e dá uma versão racional do conto do Minotauro.[86] Tucídides,[87] que não duvidava menos da historicidade de Minos, acreditava também na de Heleno, antigo rei dos helenos, e reconstitui o verdadeiro papel político que tiveram Itis, Pandião, Procne e Filomela (que, segundo a lenda, foram transformadas em pássaros); em compensação,

---
85 Cf., por exemplo, *A política*, 1284 A: "o mito que se conta sobre os argonautas abandonando Héracles"; Ética a Nicômaco, 1179 A 25: "Se os deuses têm alguma preocupação com os assuntos humanos, como se acredita...". Aristóteles não acreditava neles: os deuses-astros são primeiros motores e não providências.
86 Cf. notas 4 e 23; para Paléfato, no capítulo 2, o Minotauro foi um belo rapaz, chamado Tauros, por quem Pasífae se apaixonou; Tucídides também não duvida de Cécrope ou Teseu (II, 15).
87 Tucídides, I, 3, e II, 29.

Os gregos acreditavam em seus mitos?

ele se recusa a se explicar sobre os ciclopes e os monstruosos lestrigões: que cada um pense o que quiser ou o que dizem os poetas![88] Pois uma coisa é acreditar que já existissem reis no passado, outra coisa é acreditar que existiram monstros como não existem mais. Para o milênio seguinte, os princípios da crítica das tradições estavam estabelecidos: eles já se encontram em Platão.[89] Estrabão, como um digno sábio, já pode separar o verdadeiro do falso; Dioniso e Héracles existiram, foram grandes viajantes e geógrafos, tanto que a lenda diz que eles percorreram toda a terra em triunfo; Ulisses existiu, mas não fez todas as viagens que Homero lhe atribui; Homero recorreu a essa ficção para inculcar conhecimentos geográficos úteis em seus ouvintes; quanto a Jasão, a nau Argo, Eetes, "todo mundo está de acordo em acreditar" e, até aqui, "Homero está de acordo com os dados históricos": a ficção começa quando o poeta afirma que os argonautas alcançaram o oceano. Outros dois grandes viajantes, Teseu e Pirítoo: eles exploraram o mundo tão longe que a lenda diz que foram até os Infernos.[90]

Os espíritos não conformistas raciocinavam como o geógrafo estoico; para o epicurista Lucrécio,[91] grande inimigo das fábulas, as guerras de Troia e Tebas não deixam margem à dúvida: são os mais antigos acontecimentos conhecidos. Concluiremos com o grande Políbio.[92] Quando está diante de uma versão oficial, ele a relata sem comentários: "Os aqueus tiveram como primeiro rei um filho de Orestes, Tisâmeno, que foi exilado de Esparta após o retorno dos Heráclidas"; quando relata um mito sem

---

88 Ibid., VI, 2.
89 Sobre as idades míticas em Platão (*Político*, 268 E-269 B; *Timeu*, 21 A-D; *As leis*, 677 D-685 E), que as corrige e acredita nelas nem mais nem menos que Tucídides ou Pausânias, cf. Weil, *L'archéologie de Platon*, p.14, 30 e 44.
90 Estrabão, I, 2, 38, C. 45; 40, C. 46; I, 3, 2, C. 48.
91 *De natura rerum*, V, 324.
92 Políbio, II, 41, 4; IV, 59, 5; XXXIV, 4.

importância, ele mantém certa distância: tal lugarejo do país aqueu "foi erguido por Héracles, de acordo com o que dizem os mitos"; mas, quando empenha sua responsabilidade de historiador, submete os mitos aos métodos críticos que já haviam mostrado seus méritos e pode avançar que:

Éolo indicava a direção que se devia tomar no estreito de Messina, onde uma corrente dupla torna a passagem difícil por causa do refluxo; contaram, portanto, que ele era o senhor dos ventos, tomaram-no pelo rei dos ventos; do mesmo modo, Dânao, que ensinou a técnica das cisternas que vemos em Argos, ou Atreu, que ensinou o movimento retrógrado do Sol, são descritos como reis, adivinhos, áugures.

Objeto de credulidade ingênua, ceticismo hesitante e conjecturas arriscadas, o mito se tornou uma coisa da qual só se falava com mil precauções. Mas essas precauções eram muito bem calculadas. Quando detalham uma lenda, os escritores da época helenística e romana parecem hesitantes; com frequência, recusam-se a se manifestar em nome próprio; "dizem que...", escrevem, ou então: "de acordo com o mito"; mas, na frase seguinte, serão extremamente taxativos sobre um ponto da mesma lenda. Essas alternâncias de audácia e circunspeção não se devem ao acaso; elas obedecem a três regras: não se pronunciar a respeito do maravilhoso e do sobrenatural, admitir um fundo de historicidade e esquivar-se sobre os detalhes. Um exemplo bastará. Relatando a fuga de Pompeu para Brindisi e Durazzo, depois que César atravessou o Rubicão, Apiano aproveita a ocasião para contar as origens da cidade de Durazzo, a antiga Dyrrachium, no mar Jônico. A vila deve seu nome a Dirraco, filho de uma princesa "e, dizem, de Netuno"; esse Dirraco, afirma Apiano, "teve Hércules como aliado" numa guerra que travou contra os príncipes seus irmãos e, por isso, o herói é honrado como um deus pelos habitantes da região; os nativos "dizem

Os gregos acreditavam em seus mitos?

que, durante a batalha, Hércules matou por engano Jônios, o próprio filho de seu aliado Dirraco, e jogou o cadáver no mar, a fim de que esse mar ganhasse o nome do infeliz". Apiano acredita em Hércules e na guerra, não acredita na paternidade netuniana e deixa a responsabilidade da anedota para os nativos.

Nos doutos, a credulidade crítica, por assim dizer, alternava-se com um ceticismo global e convivia com a credulidade irrefletida dos menos doutos; essas três atitudes se toleravam, e a credulidade popular não era culturalmente desvalorizada. Essa convivência pacífica de crenças contraditórias teve um efeito sociologicamente curioso: cada indivíduo interiorizava a contradição e pensava coisas inconciliáveis a respeito do mito, ao menos para um lógico; o indivíduo não sofria com suas contradições, muito pelo contrário: cada uma servia a um objetivo diferente.

Tomemos como exemplo uma cabeça filosófica de primeira, o médico Galeno.[93] Ele acredita ou não na realidade dos centauros? Isso depende.

---

93 Citaremos sucessivamente: Galeno, *De optima secta ad Thrasybulum*, 3 (*Opera*, v.1, p.110 Kühn); *De placitis Hippocratis et Platonis*, III, 8 (v.5, p.357 Kühn); sobre a expressão "reduzir a lenda à verossimilhança", cf. Platão, *Fedro*, 229 E, que Galeno transcreve mais ou menos literalmente; *De usu partium corporis humani*, III, 1 (v.3, p.169 Kühn; v.1, p.123 Helmreich); *Isagoge seu Medicus*, 1 (v.14, p.675 Kühn). Notar que Galeno menciona Esculápio num espírito retórico; mas, ao mesmo tempo, dedica a Esculápio uma devoção privada (v.19, p.19 Kühn) de cuja sinceridade o exemplo dado por seu contemporâneo e igual em devoção Élio Aristides proíbe que se suspeite; o que não impede o mesmo Galeno de fazer uma ideia desmitologizada dos deuses: como muitos doutos, pensava que o politeísmo grego era a deformação popular do verdadeiro conhecimento dos deuses, que são literalmente os astros, as estrelas, considerados seres vivos, no sentido usual da palavra, mas dotados de faculdades mais perfeitas que as dos homens; cf. as páginas surpreendentes que esse anatomista escreveu sobre a perfeição desses corpos divinos: *De usu partium corporis humani*, XVII, 1 (v.4, p.358 et. seq. Kühn; cf. ibid., III, 10, v.3, p.238 Kühn).

Quando se exprime como um sábio e expõe suas teorias pessoais, ele fala dos centauros em termos que implicam que, para ele e seus leitores mais selecionados, esses seres maravilhosos tinham pouca atualidade; a medicina, diz ele, ensina conhecimentos ponderados ou "teoremas" e a primeira condição de um bom teorema é ser evidente; "pois, se o teorema é irrealizável, como este: *a bílis de centauro alivia a apoplexia*, ele é inútil, já que escapa da nossa apercepção"; não existem centauros, ou pelo menos ninguém nunca viu algum.

Os centauros pertenciam a um bestiário maravilhoso que valia pelo da nossa Idade Média, e adivinhamos que a realidade desse bestiário era motivo de embaraço ou irritação. Galeno acha pueril a seriedade com que os estoicos investigam as ficções poéticas e sua obstinação em dar um sentido alegórico a tudo que os poetas contam dos deuses; se continuarem em tão bom caminho, acrescenta ele, imitando Platão:

[conseguirão] corrigir a ideia dos centauros, das quimeras, e então rebentará a multidão barulhenta das górgonas ou dos pégasos e outros seres absurdos desse tipo; se, sem acreditar na realidade deles, tentam reduzi-los à verossimilhança em nome de uma sabedoria um tanto rústica, terão muito trabalho por nada.

Se ninguém, na época de Galeno, levou ao pé da letra a lenda dos centauros, que necessidade tinham os filósofos de falar seriamente deles e reduzi-los à verossimilhança? Se ninguém acreditou nelas, que necessidade tinha o próprio Galeno de distinguir expressamente os que não acreditavam nos centauros? Do mesmo modo, em sua grande obra sobre a finalidade das partes do organismo, Galeno trava uma longa batalha contra a ideia de que possam existir naturezas mistas como a dos centauros; ele não conseguiria evitar o ridículo, se os centauros não tivessem seus crentes.

Os gregos acreditavam em seus mitos?

Mas, quando o mesmo Galeno procura não mais impor suas ideias, e sim ganhar novos discípulos, ele parece se bandear para o lado dos crentes; resumindo toda a sua medicina em cem páginas, e decidido a apresentar a mais distinta ideia dessa ciência, ele conta a sua origem elevada; os gregos, diz ele, atribuem a descoberta das diferentes artes a filhos de deuses ou íntimos dos deuses; Apolo ensinou a medicina a seu filho Esculápio. Antes dele, os homens tinham apenas uma experiência limitada a alguns remédios, aos simples, "e, na Grécia, esse era, por exemplo, todo o saber do centauro Quíron e dos heróis dos quais se tornou mestre".

Esse papel histórico dado a um centauro é, certamente, apenas linguagem pomposa e convenção; é isso, certamente, que a Antiguidade chamava de retórica, e retórica era a arte de ganhar, não de ter razão; e para ganhar, isto é, para convencer, era necessário partir do que as pessoas pensavam, e não pegar os jurados ao arrepio e dizer que estavam enganados a respeito de tudo e deviam mudar sua visão do mundo para absolver o acusado; Paris vale bem uma missa, e um discípulo a mais vale bem um centauro. Mas seria enganador opor a retórica, como atitude interessada, à filosofia; não quero dizer que a retórica não tenha dignidade filosófica, ao contrário: entendo que a filosofia e a verdade são interessadas; é verdade que os intelectuais mentem quando estão interessados e são desinteressados quando dizem a verdade. Galeno tinha todo o interesse em dizer a verdade sobre os centauros, em negar sua existência, quando orientava seu interesse para a vitória de suas ideias pessoais diante de seus discípulos, e não para a adesão de novos discípulos. Pois, conforme o momento, os pesquisadores têm diferentes alvos de guerra e diferentes estratégias; estamos todos no mesmo barco, apesar de tomarmos nossa inveja por santa indignação e fazermos uma ideia elevada do nosso desprendimento ético e científico, e nossos discípulos conosco. Entramos em guerra por aquilo que Jean-Claude Passeron chama de partilha do bife simbólico, e nossas políticas são tão diversas quanto a das nações e dos partidos: manter as nossas posições, formar uma liga de ajuda mútua, uma liga de conquista, reinar sem governar, estabelecer a *pax romana*, construir um império, defender a nossa seara, procurar terras virgens, ter uma doutrina Monroe, tecer uma rede de *public relations* para controlar um grupo de ajuda mútua... Mas como muitas vezes essa política das ideias ignora a si, ela se interioriza; é difícil, por exemplo, não começar a acreditar um pouco nos dogmas estrangeiros com os quais formamos uma liga ofensiva ou defensiva, porque adequamos nossas crenças às nossas palavras. Tanto que acabamos sem saber o que pensamos realmente. Portanto, no momento em que se apoiava na crença popular dos centauros, Galeno, por falta de cinismo, devia cair num desvario de nobre e indulgente verborragia e não sabia mais o que pensava sobre o assunto. Assim nascem essas modalidades de crença hesitantes, essa capacidade de acreditar em verdades incompatíveis que caracterizam os períodos de confusionismo intelectual: a balcanização do campo simbólico se reflete em cada cérebro. Esse confusionismo corresponde a uma política de aliança entre seitas. No que se refere ao mito, os gregos viveram mil anos nesse estado. Quando se quer convencer e ser aceito, deve-se respeitar as ideias estrangeiras, se são forças, e refletir um pouco sobre elas. Ora, sabemos que os doutos respeitavam as ideias populares sobre o mito e eles próprios se dividiam entre dois princípios: a negação do maravilhoso e a convicção de que as lendas tinham um fundo de verdade; daí a sua consciência enrolada.

Aristóteles ou Políbio, tão desconfiados diante da fábula, não acreditaram na historicidade de Teseu ou Éolo, rei dos ventos, por conformismo ou cálculo político; também não tentaram negar os mitos, apenas corrigi-los. Por que corrigir? Porque não há nada digno de fé que não exista atualmente. Mas então por que não negar tudo em bloco? Porque os gregos nunca admitiram que a fabulação podia mentir do começo ao fim; a problemática antiga do mito, como veremos, é demarcada por dois dogmas que ignoram um ao outro, porque eram evidentes: ninguém pode mentir a princípio ou do começo ao fim, porque o conhecimento é um espelho; e o espelho se confunde com o que ele reflete, de modo que o *medium* não é distinto da mensagem.

Sob essa sociologia, um programa implícito de verdade

As relações de força, simbólicas ou não, não são invariantes; elas têm a arbitrariedade das formações analógicas, sem dúvida, mas são diferentes: sua aparência trans-histórica é uma ilusão analógica. Sua sociologia se inscreve nos limites de um programa arbitrário e histórico.

Criticar os mitos não era demonstrar sua falsidade, mas recuperar seu fundo de verdade, porque essa verdade fora coberta de mentiras.

Desde sempre, erguendo um edifício de ficções sobre um fundamento de verdade, desviou-se a maioria das pessoas de acreditar em fatos que ocorreram em tempos antigos, ou mesmo que ocorrem ainda; os que gostam de ouvir mitificações são levados assim a acrescentar a elas suas próprias quimeras; com isso, conseguem apenas prejudicar a verdade, que eles misturam com mentiras.[94]

---

94 Pausânias, VII, 2, 6-7.

Mas de onde vêm essas mentiras e para que servem? É isso que os gregos não se deram muito ao trabalho de se perguntar, já que uma mentira não tem nada de positivo: é um não ser, e acabou-se. Eles não se perguntavam por que alguns mentiram, mas antes por que os outros acreditaram; é nos modernos, de Fontenelle a Cassirer, Bergson e Lévi-Strauss, que o problema do mito é o de sua gênese. Para os gregos, essa gênese não causava nenhuma dificuldade: no fundo, os mitos são tradições históricas autênticas, pois como se poderia falar do que não existe? Podemos alterar a verdade, mas não poderíamos falar de nada. Sobre esse ponto, os modernos se perguntam antes se é possível falar por nada, sem ter nenhum interesse nisso; mesmo Bergson, que deu à ideia de fabulação gratuita toda a sua amplitude,[95] estabelece que a fabulação tem inicialmente uma função vital, mas essa função se deteriora e com frequência gira em falso. Fontenelle foi, provavelmente, o primeiro a dizer que as fábulas não têm nenhum núcleo de verdade e não são nem mesmo alegorias: "Portanto, não procuremos nas fábulas senão a história dos erros do espírito humano".[96]

Os gregos procuravam uma verdade através das mentiras; perguntavam-se de quem era a culpa: é da candura, da ingenuidade, da *euetheia*,[97] porque esta era a palavra consagrada. Por candura, damos fé ao "que se mistura de falso ao fundo

---

95 Sobre a função fabuladora, cf. o admirável segundo capítulo de Bergson, *Deux sources de la morale et de la religion*, p.111, 124 e 204.
96 Fontenelle, De l'origine des fables, in: _____, *Oeuvres diverses*, p.481-500.
  A concepção de Fontenelle continua absolutamente original e não se parece nem com a de Voltaire nem com as ideias do século XX: o mito, para ele, fala de nada e fala para nada. Na verdade, em Fontenelle, o mito não encerra nenhuma verdade, mas a fabulação também não existe: tudo se explica pelo encontro fatal de uma série de pequenos defeitos inocentes: ignorância, entusiasmo, prazer de contar uma anedota, vaidade do autor, curiosidade louvável etc. Não existem dois campos, o dos embusteiros e o dos ingênuos: os homens são todos enganados por si mesmos. O homem é feito de pequenos "defeitos": Não existem grandes essências.
97 A palavra se encontra em Heródoto, I, 60, e II, 45, em Estrabão e Pausânias, IX, 31, 7, VIII, 29, 3, e VIII, 8, 3. Encontra-se também em Dionísio.

histórico"[98] e essas falsidades que são misturadas ao mito chamam-se *mythôdes*.[99] A candura é a verdadeira responsável pelas mentiras; haveria menos fabuladores se houvesse menos ingênuos.[100] A *antiqua credulitas* explica que a maioria dos mitos remonta às épocas antigas.[101] O mito é relato de fatos verdadeiros, com lendas, ainda por cima, que se multiplicam com o tempo: quanto mais antiga é uma tradição, mais ela se entulha de *mythôdes*[102] e menos se torna digna de fé.

Para os modernos, ao contrário, o mito será antes o relato de um grande acontecimento, daí seu aspecto lendário. Esse acontecimento é menos alterado por elementos adventícios do que é epicamente aumentado; porque a alma popular aumenta os grandes feitos nacionais; a lenda tem como origem o gênio dos povos, que fabula para dizer o que é realmente verdadeiro; o que é mais verdadeiro nas lendas é precisamente o maravilhoso: ali se traduz a emoção da alma nacional. Certos ou errados, antigos e modernos acreditam na historicidade da guerra de Troia, mas por razões opostas: nós acreditamos nela por causa do seu maravilhoso, eles acreditaram nela apesar do maravilhoso. Para os gregos, a guerra de Troia existiu porque uma guerra não tem nada de maravilhoso: se tiramos o maravilhoso de Homero, resta essa guerra. Para os modernos, a guerra de Troia é verdadeira por causa do maravilhoso com que Homero

---

98 Estrabão, I, 1, 8, C. 6.
99 A palavra se encontra em Tucídides, I, 21, em Estrabão, citado na nota anterior, em Plutarco, citado na nota 3, e em Filóstrato, na nota 124. Acrescentar Isócrates, *Panegírico*, 28. Em Menandro, o Retórico, o *mythôdes* se opõe à história simplesmente humana, que é "mais crível" (Spengel, *Rhetores Graeci*, v.3, p.359, 9).
100 Cícero, *De re publica*, II, 10, 18: *minus eruditis hominum saeculis, ut fingendi proclivis esset ratio, cum imperiti facile ad credendum impellerentur*.
101 Sêneca, *De constantia sapientis*, II, 2.
102 Tucídides, I, 21, 1. Contra Isócrates, *Panegírico*, 30: quanto mais numerosas são as pessoas que afirmam uma tradição através dos séculos, mais esse consentimento secular prova sua verdade.

a cerca: só um acontecimento autêntico, que comoveu a alma nacional, dá origem à epopeia e à lenda.

Uma tradição mítica, para os gregos, é verdadeira *apesar* do maravilhoso; Orígenes diz muito bem:[103] os acontecimentos históricos não podem ser objeto de demonstração, mesmo quando são autênticos; por exemplo, seria impossível demonstrar que a guerra de Troia ocorreu realmente, se alguém a negasse porque a narrativa dessa guerra contém inverossimilhanças, a saber: Aquiles era filho de uma deusa, Eneias era filho de Afrodite e Sarpédon era filho de Zeus; a demonstração teria mais ainda dificuldade porque seríamos atrapalhados por "todas as ficções míticas que estão inextricavelmente misturadas à crença universal de que houve realmente uma guerra em Troia"; suponhamos ainda, continua Orígenes, que alguém:

> se recuse a acreditar em Édipo, Jocasta, Etéocles e Polinice, porque nessa história entra a Esfinge, um monstro metade humano: a demonstração seria impossível, mais uma vez; podemos dizer o mesmo dos Epígonos, embora a história deles não contenha nenhum elemento fictício, e do retorno dos Heráclidas, assim como de mil outras histórias.

Os mitos têm, portanto, um fundo de verdade e, se a historicidade das guerras de Troia e Tebas, que todo mundo reconhece,

---

103 Orígenes, *Contra Celso*, I, 42 (*Patrologia Graeca*, XI, 738); Orígenes acrescenta: "Para ser justo, mas sem se deixar enganar, deve-se ler os livros de história fazendo distinção entre acontecimentos autênticos, aos quais aderimos; acontecimentos em que se deve distinguir um sentido alegórico secreto e que estão no sentido figurado; enfim, acontecimentos indignos de confiança, que foram escritos para proporcionar algum prazer" (o texto é duvidoso; outros leem: "que foram escritos para adular alguns"). Sobre o velho problema da história e do empirismo, cf. as passagens extraordinárias de Galeno, *Da melhor seita, a Trasíbulo*, cap.14-5 (I, 149 *Kühn*). Sobre a historicidade da guerra de Troia, compartilhamos o ceticismo de Finley, The Trojan War, *Journal of Hellenic Studies*, v.84, p.1-9.

não é demonstrável, é porque nenhum acontecimento pode ser demonstrado.

Mas se o mito, além de falsidades, contém verdades, o mais urgente não é estudar a psicologia do fabulador, mas aprender a evitar o falso: a vítima é mais interessante do que o culpado; os gregos sempre pensaram que as ciências humanas eram mais normativas do que descritivas ou, melhor, nem pensaram em fazer a distinção:[104] uma ciência do mito, para eles, não se proporia a nos fazer compreender o erro, mas a nos ensinar a evitá-lo. Em vez de se perguntar se o mito explica o rito, se por sua estrutura revela a do espírito humano, se é uma fabulação funcional ou uma fabulação enlouquecida etc., eles farão mais utilmente o policiamento do pensamento: denunciarão a ingenuidade humana e separarão o joio do trigo.

E, já que há policiamento, é menos urgente compreender os motivos do falsário do que identificá-lo. Quem é o autor da mitologia? Quem inventou essa massa de lendas inverossímeis e, pior, indecentes, com que as crianças entregues às amas criam uma ideia falsa dos deuses? Quem deu aos deuses uma conduta indigna de sua santidade? Ninguém sabia: o nome do inventor da mitologia era desconhecido; contudo, como era necessário um culpado, ele foi encontrado em Homero, Hesíodo e outros poetas,[105] "porque foram eles, sem dúvida, que deram esses contos mentirosos aos homens": eles criaram certos mitos ao menos. Além do mais, quem inventou as mentiras, senão os profissionais da invenção mentirosa? Ainda que essas invenções tivessem um sentido alegórico elevado, não seriam menos pedagogicamente perigosas. Por isso é que Homero será banido;[106] como podemos ver, Homero não é aqui o poeta que conhece-

---

104 Granger, *La théorie aristotélicienne de la science*, p.374.
105 Platão, *A república*, 377 D.
106 Ibid., 378 D e 382 D. Sobre o sentido figurado e alegórico, cf. Orígenes, citado na nota 103. Xenófanes já protestava contra as indignidades atribuídas aos deuses; cf. também Isócrates, *Busíris*, 38.

mos: ele não é o autor da *Ilíada*, mas o suposto autor de toda a mitologia. Platão não resolve as relações do Estado com as belas-letras, mas as do Estado com a consciência coletiva; sua posição não se explica pela ideia grega de que todo poeta inventa mitos, mas pela ideia de que todos os mitos foram inventados pelos poetas.[107] Para racionalista, racionalista e meio: pode-se acreditar seriamente que os poetas inventaram a mitologia por simples prazer? A imaginação poderia ser fútil? Não basta dizer, como Platão, que os mitos podem ser educativos, quando bem escolhidos: Estrabão[108] considera que todo mito tem uma intenção instrutiva e que o poeta não escreveu a *Odisseia* para divertir, mas para ensinar geografia. À condenação racionalista do imaginário como falso replica a apologia do imaginário como conforme a uma razão oculta. Pois não se poderia mentir.

É impossível, portanto, que um mito seja completamente mítico. Os gregos puderam criticar as fábulas em seus detalhes, mas não negligenciá-las. O debate era para decidir se a mitologia era inteiramente verídica ou apenas em parte. As viagens de Ulisses são uma aula de geografia, em que tudo é verídico, e a

---

107 Platão, *Fédon*, 61 B. Esses mitos poéticos podem dizer a verdade (*Fedro*, 259 C-D; *As leis*, 682 A).
108 Estrabão, I, 1, 10, C. 6-7; I, 2, 3, C. 15. Devemos citar também o texto sensacional da *Metafísica*, de Aristóteles (1074 B 1): "Uma tradição, vinda da antiguidade mais longínqua e transmitida na forma de mito aos séculos posteriores, ensina que os astros são deuses [...]; todo o resto dessa tradição foi acrescentado mais tarde, numa forma mítica, com o intuito de convencer a multidão e servir às leis e aos interesses comuns; assim, dá aos deuses a forma humana [...]; se separarmos da narrativa seu fundamento inicial e a considerarmos sozinha [...], perceberemos que essa é uma tradição realmente divina: enquanto, muito provavelmente, as diferentes artes e a filosofia foram desenvolvidas diversas vezes tão longe quanto possível, e sempre perdidas, essas opiniões são, por assim dizer, relíquias da sabedoria antiga conservadas até os nossos tempos" (trad. Tricot). A religião astral dos pensadores gregos, tão surpreendente para nós, foi eximiamente caracterizada por Aubenque, *Le problème de l'Être chez Aristote*, p. 335 et seq.

lenda de Minerva, nascida da cabeça de Júpiter, prova, segundo Crisipo, que as técnicas são sustentadas pela palavra, cuja sede é a cabeça. O mito é verídico, mas no sentido figurado; não é verdade histórica misturada com mentiras: é um ensinamento filosófico elevado, inteiramente verdadeiro, desde que seja visto como uma alegoria, e não tomado ao pé da letra. Duas escolas, portanto: a crítica das lendas pelos historiadores e a interpretação alegórica das lendas pela maioria dos filósofos, entre eles os estoicos.[109] A exegese alegórica da Bíblia sairá daí, já destinada a quinze séculos de triunfo.

A razão do alegorismo estoico era a mesma do alegorismo bíblico: o texto em questão era considerado uma verdadeira autoridade; tudo que dizia Homero ou os outros poetas constituía prova. Esse é um aspecto do pensamento grego sobre o qual devemos dizer algumas palavras. Para demonstrar uma coisa ou convencer de uma verdade, um pensador podia proceder ao menos de três maneiras: desenvolver um raciocínio considerado rigoroso, tocar o coração do ouvinte pela retórica, alegar a autoridade de Homero ou outro poeta antigo. Galeno[110] escreve irritado que os estoicos são virtuosos em matéria de lógica, mas, quando se trata de pô-la em prática num determinado problema, eles não valem nada e recorrem ao modo de argumentação mais vazio que existe: amontoam citações de poetas como testemunhos.

Raciocínio rigoroso? Grande leitor dos *Segundos analíticos*, Galeno[111] conhece apenas a demonstração silogística (ele diz

---

109 Cf. nota 98. Aristóteles pertencia à primeira escola e detestava a alegoria: "As sutilezas mitológicas não merecem ser submetidas a um exame sério" (Aristóteles, *Metafísica*, B 4, 1000 A 19).
110 Galeno, *De placitis Hippocratis et Platonis*, II, 3 (v.5, p.225 Kühn), dado o contexto.
111 Ibid., II, 3 (p.222 Kühn), sobre os *Segundos analíticos*; sobre o silogismo e a lógica de Crisipo, p.224, em que Galeno contrapõe a demonstração científica à dialética, com seus tópicos, à retórica, com seus lugares, e à sofística,

Paul Veyne

geométrica); não estou certo de que ele tenha cumprido a promessa no *De usu partium*, no qual demonstra a finalidade de cada um dos órgãos do corpo humano fazendo analogia com engenhos construídos pelos homens. A pretensão ao rigor e mesmo à dedução, segundo o ideal aristotélico, reduz-se comumente a uma atitude ética (eles se pretendem sóbrios, não dizem absurdos) e a certa relação com o outro: distinguem demonstração e persuasão e recusam-se a agir sobre a sensibilidade dos leitores, como faz a retórica. É claro que a arte retórica também fornecia aos conferencistas ou pregadores discursos padrões modelos de argumentação, lugares-comuns ou não, que bastava desenvolver; ainda assim, a especificidade da retórica era recusar a aparência técnica e a frieza, para convencer pelo entusiasmo comunicativo, pelo charme insinuante, por movimentos arrebatadores ou às vezes por tensão nervosa cativante. Essa arte dos pregadores laicos era reconhecida como um modo de persuasão perfeitamente legítimo ou, melhor, o público se dividia entre esse modo e o anterior.

    com seus jogos de palavras capciosos. Galeno se considera um espírito rigoroso, ávido de apodítica (*De libris propriis*, 11; v.19, p.39 Kühn), e, em medicina, prefere as "demonstrações grâmicas", isto é, geométricas, aos "*pisteis* retóricos" (*De foetuum formatione*, 6; v.4, p.695 Kühn); aos próprios retóricos, acontecia de fingirem recorrer à demonstração científica (*De praenotione ad Epigenem*, 1; v.14, p.605 Kühn). Na distinção que faço aqui entre rigor e eloquência, descrevo duas atitudes: não tomo no sentido antigo e com toda a precisão o que as escolas filosóficas chamavam de demonstração, dialética e retórica; a retórica empregava silogismos ou, ao menos, entimemas; e a demonstração, mesmo sem saber, era com frequência mais dialética e até retórica do que demonstrativa (Hadot, Philosophie, dialectique, rhétorique dans l'Antiquité, *Studia philosophica*, XXXIX, p.145). Estudamos aqui menos os métodos de persuasão do que as atitudes diante da persuasão e da verdade; a esse respeito, é interessante ver Galeno rejeitar certos meios de persuasão: ele não quer acreditar sem provas, "como se acredita nas leis de Moisés e de Cristo" (*De pulsuum differentiis*, v.8, p.579 e 657); não é menos interessante ver que, nos estoicos, "as condições objetivas da persuasão se confundem com uma forte convicção subjetiva" (Bréhier, *Chrysippe et l'ancien stoicisme*, p.63).

Os gregos acreditavam em seus mitos?

Mas existia também um terceiro modo de persuasão, ao menos nos fundadores do estoicismo: invocar o testemunho dos poetas e, em particular, de Homero. Galeno[112] fica indignado ao ver um Crisipo renunciar tão frequentemente às demonstrações científicas e preferir acumular citações de Homero, da mesma forma que os retóricos tentam impressionar os juízes chamando

---

112 Galeno, *De placitis Hippocratis et Platonis*, VI, 8 (v.5, p.583 Kühn). Sobre as citações de poetas famosos, de Homero a Eurípides, que Crisipo citava em abundância, querendo demonstrar que o *hegemonikon* se situava no coração e não na cabeça, cf. *De placitis Hippocratis et Platonis*, III, 2 e 3 (p.293 et. seq.). Segundo Galeno, Crisipo imaginava que provaria mais quanto mais citasse poetas como testemunhas, o que é um procedimento de retórico (III, 3, p.310). Como os estoicos podiam justificar esse recurso à poesia e aos mitos como autoridades? Como expressões do senso comum? Essa é provavelmente a resposta que eles teriam dado; todos os homens tiram, dos dados dos sentidos, noções comuns, todos acreditam na realidade dos deuses, na imortalidade da alma etc. (Bréhier, op. cit., p.65). Além dos mitos e da poesia, a etimologia das palavras era outra testemunha desse senso comum (sobre o *etymon*, sentido primeiro e, ao mesmo tempo, sentido verdadeiro de um vocábulo, cf. Galeno, op. cit., v.5, p.227 e 295). Provérbios, ditados e maneiras de falar também eram provas. Mais uma vez, porém, consideramos menos o que os estoicos acreditavam fazer do que o que faziam sem saber. Em todo caso, ao menos duas ideias coexistem neles: de um lado, os homens têm desde sempre noções comuns que são verídicas; de outro, os homens tiveram nos primórdios um conhecimento da verdade maior e mais divino do que os homens de hoje; ambas as ideias, que se conciliam mal, tentam justificar bem ou mal essa misteriosa autoridade que os estoicos atribuíam à palavra mítica, poética e etimológica. Sobre a poesia como tendo o dom de dizer a verdade, ver sobretudo Platão, *As leis*, 682 A. A poesia, portanto, é inspirada e todo texto inspirado (por exemplo, o de Platão) terá parentesco com a poesia, ainda que seja em prosa (Platão, op. cit., 811 C). Se a poesia tem parentesco com o mito, não é porque os poetas contam mitos, mas porque mito e poesia são ambos inevitavelmente verdadeiros e, pode-se dizer, de inspiração divina. Compreendemos agora a verdadeira razão por que Epicuro condenava a poesia: ele não condenava o fato de se escrever em versos, e não em prosa, ou mesmo, precisamente, o *conteúdo mítico de muitos versos e, por isso, para ele, mentiroso; ele condenava a poesia como autoridade*, como pretensa fonte de verdade, e condenava-a na mesma qualidade e no mesmo plano do mito. Ele condenava também um outro pretenso modo de persuasão, do qual também falamos: a retórica.

à barra o maior número possível de testemunhas. É assim que Crisipo, querendo provar que a razão governante residia não no cérebro, mas no coração, encheu várias páginas com citações poéticas deste tipo: "Aquiles resolveu em seu coração puxar de sua espada". Não sei se a verdadeira natureza dessa prova pela poesia nos estoicos foi reconhecida; eles não parecem ter concebido eles próprios a teoria, mas a prática que fazem dela constitui uma teoria implícita.

O prestígio de Homero[113] como clássico ou, melhor, como símbolo nacional de reconhecimento de toda a grecidade, tem pouco a ver com isso, assim como prestígio da poesia em geral: Crisipo não é Heidegger; além de Homero, ele alegava muitos outros poetas, e até poetas trágicos, esquecendo-se de que os trágicos põem na boca de suas personagens mais o que o papel exige do que a verdade.[114] E, além da poesia, Crisipo e todos os outros estoicos alegavam os mitos, dos quais perseguiram sistematicamente a interpretação alegórica.

Mas nem por isso consideravam que os mitos e a poesia transmitiam uma sabedoria revelada, já que acontecia de alegarem também ditados e etimologias: o sentido "etimológico" era para eles o sentido "autêntico", o sentido "verdadeiro" (esse é o significado da palavra *etymon*); portanto, eles não viam na atividade poética, mais do que nas outras, um método privilegiado de acesso à verdade. O que havia de comum entre poesia,

---

113 Essa superstição sobre Homero e a poesia em geral mereceria um estudo. Ela durou até o fim da Antiguidade; no início do século V, os indivíduos se dividiam também com relação a Virgílio: uns o consideravam um simples poeta, um autor de ficção, ao passo que outros o viam como um poço de ciência, cujo mínimo verso dizia a verdade e merecia ser dissecado até em suas profundezas; cf. Macróbio, *Saturnálias*, I, 24, e III-V. Aqui, trata-se de outro problema: as supostas relações entre texto e seu referente. Sobre a verdade da poesia nos estoicos, as indicações de Pohlenz, *Die Stoa*, v.1, p.183 e 235, são menos exatas do que o resto do livro.
114 Galeno, op. cit., V, 1 (v.5, p.490 Kühn). Sobre Crisipo, Homero e Galeno, cf. Buffière, *Les mythes d'Homère et la pensée grecque*, p.274.

Os gregos acreditavam em seus mitos?

mitos, etimologias e provérbios? Eles eram uma prova por consentimento geral? Não, porque nesse caso a prosa, ou simplesmente uma frase ouvida da boca de um transeunte, também seria probante. A antiguidade desses testemunhos? Não, porque Eurípides também era chamado como reforço.

A explicação, suponho, é que a poesia está do mesmo lado do vocabulário, do mito e das expressões consagradas: longe de tirar sua autoridade do gênio do poeta, ela é, apesar da existência do poeta, uma espécie de discurso sem autor; ela não tem locutor, é o que "se diz"; portanto, não pode mentir, já que apenas um locutor poderia fazê-lo. A prosa tem um locutor, que diz a verdade, mente ou se engana; já a poesia tem tanto autor quanto o vocabulário; ela se assemelha ao mito, e a razão profunda que fazia os gregos dizerem que o poeta contava mitos por definição deve-se menos à frequência das alusões mitológicas nas obras poéticas do que ao fato de que mito e poesia tiravam sua autoridade deles mesmos; a verdade saía da boca dos poetas com tanta naturalidade quanto da boca das crianças: eles refletiam as próprias coisas. Eles exprimiam a verdade com tanta naturalidade quanto a água brota das fontes e não poderiam refletir aquilo que não existe; aparentemente, tanto para Crisipo como para Antístenes, não se pode falar do que não existe.[115] A poesia é espelho, involuntário e verídico, e é porque ela reflete involuntariamente que Crisipo não se cansava de acumular testemunhos de poetas: se os poetas fossem, para ele, pensadores ponderados, que assumem a responsabilidade de uma doutrina, uma citação seria suficiente, como Galeno o fez observar; mas eles parecem dizer a verdade sem pensar: Crisipo, maravilhado, não se cansa de mostrar como o subsolo sobre o qual repousa sua própria filosofia deixa a verdade brotar de todos os lados.

Como os estoicos estão previamente seguros de que mitos e poesia dizem a verdade, só lhes resta torturá-los para que

---
115 Aubenque, op. cit., p.100.

se enquadrem com essa verdade; a alegoria será essa cama de Procusto. Eles não recuaram diante de nada. Um belo dia, mostraram a Crisipo uma pintura que, para a imaginação libidinosa dos cicerones, representava Juno dispensando um tratamento agradável a Júpiter que a decência nos impede de nomear; pois Crisipo conseguiu ver na pintura uma alegoria da matéria absorvendo a Razão espermática a fim de gerar o cosmo.

Para o filósofo, portanto, o mito era uma alegoria das verdades filosóficas; para os historiadores, era uma ligeira deformação das verdades históricas. Diga-se de passagem, ambas as versões se encontram em Platão – mas não aprofundaremos esse assunto, que fez recuar os comentadores mais intrépidos. Ora Platão inventa seus próprios mitos, que são aproximações da Ideia, ora – como indicamos rapidamente nas páginas anteriores – ele encontra em seu caminho alguns dos mitos históricos gregos e submete-os ao mesmo tipo de crítica que faziam os historiadores de seu tempo. Todavia, em Platão, a alegoria filosófica, essa meia verdade, correspondia ao mesmo tempo à participação do sensível na verdade das Ideias e, no entanto, à impossibilidade de uma ciência rigorosa do sensível. Como os estoicos explicavam que os poetas haviam dito a verdade pela alegoria? Para esconder e mostrar a verdade num enigma? Por alguma antiga ingenuidade? Talvez esses pensadores não tenham pensado nessa questão: para os gregos, o *medium* desaparece por trás da mensagem.

Alegorias ou tradições um tanto alteradas, os mitos tinham crédito em geral, tanto que em plena *Metafísica* um Aristóteles,[116] pouco dado a desenvolver críticas fáceis, julga oportuno discutir, num tom de ironia ferina, as lendas sobre a ambrosia e o néctar, ambos bebidas da imortalidade. Mesmo os que desconfiavam dos mitos não se atreviam a negar seu fundo, daí o embaraço; por isso, muito frequentemente, eles parecem acreditar apenas

---

116 Aristóteles, op. cit., B 4, 1000 A 12.

pela metade em suas lendas, ou acreditar que acreditam... Mas existem modalidades parciais de crença? Será que eles não hesitavam, na realidade, entre dois programas de verdade? Não era a sua crença que estava dividida, mas o mito é que estava meio podre aos seus olhos, porque dependia de duas verdades: uma crítica do inverossímil ou do indigno, que dizia respeito ao conteúdo, e um racionalismo da imaginação, segundo o qual era impossível que o continente não contivesse nada e que se imaginasse a seco. Portanto, o mito misturava sempre o verdadeiro e o falso; a mentira servia para enfeitar a verdade[117] a fim de torná-la palatável, ou então dizia a verdade por enigmas e alegorias, ou ainda se aglutinava a um fundo de verdade. Mas não se poderia mentir a princípio. O mito transmitirá quer um ensinamento útil, quer uma doutrina física ou teológica por trás do véu da alegoria,[118] quer a recordação de acontecimentos do tempo passado. Como diz Plutarco,[119] a verdade e o mito têm a mesma relação que o Sol e o arco-íris, que dissipa a luz numa variedade colorida.

O que nos interessa nesse caso é o mito como tradição histórica. Pois, como a forma mítica nunca foi posta em questão,

---

117 Sobre o mito como enfeite ou diversão para fazer engolir a verdade, cf. Lucrécio, I, 935; Aristóteles, op. cit., 1074 B 1; Estrabão, I, 6, 19, C. 27. Sobre a ideia de que não se pode mentir a princípio, cf. Aubenque, op. cit., p.72 e nota 3.
118 Sobre o vasto tema da interpretação alegórica dos mitos e, em primeiro lugar, de Homero, haveria muitas coisas a dizer, depois de mencionar o livro de Pépin, *Mythe et allégorie*, e lembrar que ela é muito anterior aos estoicos, tornou-se claramente popular (Diodoro, III, 62: interpretação física de Dioniso como sendo uva; cf. Artemidoro, *Sobre a interpretação dos sonhos*, II, 37, p.169, 24 Pack e IV, 47, p.274, 21) e desembocou no alegorismo bíblico; limitamo-nos a mencionar *O antro das ninfas*, de Porfírio, *Alegorias homéricas*, de Heráclito, *Compêndio de teologia*, de Cornutus, e a remeter a Cumont, *Recherches sur le symbolisme funéraire*, p.2 et seq.; Buffière, op. cit.; Decharme, *La critique des traditions religieuses chez les Grecs*.
119 Plutarco, *De Iside*, 20, p.358 F. Plotino aprofundará uma ideia muito semelhante (*Enéadas*, III, 5, 9, 24).

a crítica antiga se diversificou conforme o conteúdo: dar uma versão mais pia dos deuses míticos, transformar os heróis em personagens históricos. De fato, as lendas contam anedotas ou narrativas referentes a grandes personagens dos tempos heroicos; são fontes para a história, e o que é a história? É a política de antigamente. Portanto, o mito será interpretado num sentido político. Os gregos não serão os últimos a agir assim: Maquiavel fará o mesmo. Segundo ele, Moisés foi um príncipe que teve de conquistar um trono, o que supõe um mérito muito superior ao dos que tiveram apenas de se dar ao trabalho de herdá-lo; contudo, ele compartilha esse mérito com Ciro, Rômulo e Teseu, que também conquistaram o poder, e "se bem que não se deva falar de Moisés, já que só fez executar a vontade de Deus, contudo" conviremos que seus métodos "não parecem ser muito diferentes" dos dos outros príncipes; "aquele que lê a Bíblia com bom senso verá que Moisés, para garantir a observância das tábuas da Lei, foi obrigado a condenar à morte uma infinidade de pessoas". Maquiavel não teve nenhuma necessidade da Bíblia para dar essa versão política de Moisés; bastou ler as *Antiguidades judaicas*, de Flávio Josefo, que inflige a Moisés o tratamento que Tucídides ou Aristóteles infligiam a Teseu ou Minos.[120] E, provavelmente, com o mesmo sentimento secreto de que não se deve criar uma imagem pueril dos príncipes: a grande e sublime coisa denominada política não é para os ingênuos. Ora, nada é mais ingênuo do que a lenda; ela vê os príncipes com olhos de criança; com os deuses, só há amores, façanhas extravagantes, milagres feitos para encantar as velhinhas. Como devolver a seriedade política ao texto da mais antiga história?

Por sorte, isso é possível; porque, se as puerilidades inverossímeis são evidentemente falsas, o falso, de sua parte, não é

---

120 Maquiavel, *O príncipe*, cap.61; *Discurso sobre Tito Lívio*, III, 30; cf. também *Contra Ápion*, de Flávio Josefo, 157 et seq. (notar, no capítulo 160, a ideia de que a religião serviu a Moisés para tornar o povo dócil).

nada mais do que o verdadeiro que foi deformado. É possível, portanto, restituir o verdadeiro texto da história, e vimos que Políbio ou Aristóteles recuperaram o sentido original de Éolo ou do Minotauro; mas o mais magistral dos corretores foi Paléfato. Seus princípios são muito salutares: desde que não sejam instruídos, os homens acreditam em tudo que lhes contam, já os sábios não acreditam em nada; nisso eles estão errados, porque tudo de que se fala existiu (senão, como se poderia falar dessas coisas?); mas ele se agarrará firmemente à regra de que só é possível o que existe ainda hoje.[121]

Para passar do mito para a história, portanto, basta corrigir os erros, que muitas vezes são simples confusão de palavras. Os centauros de que falam os poetas são impossíveis, porque, se houvessem existido seres híbridos, eles ainda existiriam; um instante de reflexão permite ver de onde nasceu a lenda: para matar touros selvagens, alguém inventou de montar num cavalo e trespassá-los com uma lança *(kentô)*. Dédalo também não fabricou estátuas vivas e com movimento, mas teve um estilo mais leve e vivo que seus rivais. Pélope nunca teve cavalos alados, mas tinha um navio pintado com cavalos alados. Paléfato, como podemos observar, não duvida nem um só instante da historicidade de Dédalo, Pélope ou Éolo (que ele explica da mesma maneira que Políbio). Também admite que, naqueles tempos distantes, os deuses se misturavam aos seres humanos; Atena e Apolo contribuíram para o suplício de Mársias e Apolo amou realmente Jacinto, mas seria pueril acreditar que o deus escreveu o nome de seu eromenos nas pétalas de uma flor; a verdade é que Apolo se limitou a dar à flor o nome do belo adolescente.

---

121 Para Paléfato, eu dispunha apenas de uma edição de 1689, nas *Opuscula mythologica, physica et ethica*, publicadas em Amsterdã por Thomas Gale. Sobre Paléfato, cf. Nestle, *Vom Mythos zum Logos*, p.149; Müller, *Geschichte der antiken Ethnographie*, v.1, p.218; Jacoby, *Atthis, the Local Chronicles of Ancient Athens*, nota 37, p.324.

Podemos ver até onde Paléfato leva o otimismo racionalista; o texto da verdade não está irremediavelmente corrompido, e por um bom motivo: não se pode mentir *ex nihilo*, pode-se apenas deformar a verdade. O pensamento de Paléfato deixa de ser espantoso quando vemos que é subentendido por essa ideia cara aos gregos, e por essa outra de que o problema da recuperação do texto original é definido de maneira bastante estrita, porque o erro é múltiplo e o bom senso é um só.

E como recuperar esse bom senso? Indo na contramão. Existe, de fato, uma inclinação à deformação nos homens, que escorregam em todos os obstáculos criados pela relação das coisas com as palavras; eles tomam uma palavra por uma coisa, uma palavra por outra, uma pintura pela realidade, uma coisa por uma ideia. Podemos perceber a originalidade de Paléfato, diante da crítica dos mitos tal como era praticada desde Hecateu: para ele, o mito não recebeu adjunções estrangeiras, mas sofreu alterações. Por isso, Paléfato é o único a preservar a intervenção dos deuses: ele não mede o passado mítico pela realidade presente, na qual os deuses não intervêm mais; ao contrário, ele considera o mito em si mesmo e acha-o caricaturado por contrassensos ou trocadilhos involuntários. Em vez de eliminar o sobrenatural, ele corrige as deformações semiológicas.

O mito é uma cópia do passado e essa cópia é mais alterada do que interpolada. Paléfato não considera que o mito veicula a história, transmite a lembrança de reis, fundadores ou mestres do mar; ou, pelo menos, os únicos mitos que ele critica são anedotas privadas, simples *faits divers* dos tempos antigos que as deformações semióticas tornaram falsamente maravilhosos: um mito nasce de um trocadilho. Assim, Paléfato reduz a lenda de Pandora (pouco importa como ele faz isso) à anedota de uma rica senhora que gostava de se maquiar.

Faits divers cuja lembrança se conservou até os nossos dias por causa do maravilhoso que se colou a eles. Mas somos nós que dizemos isso, não os gregos; eles nunca se perguntaram por que nem como as tradições eram transmitidas. Elas existiam, e isso era suficiente para eles. Os gregos não se admiram nem por um segundo que reflexos do passado estejam entre eles; eles recolhem mitos por toda a parte. Como esses aerólitos chegaram até eles? Eles não pensam nisso; eles não veem o *medium*, percebem apenas a mensagem. E também não se admiram de que o passado tenha deixado uma recordação: é óbvio que tudo tem seu reflexo, do mesmo modo que os corpos têm sua sombra. A explicação do mito é a realidade histórica refletida por ele, porque uma cópia se explica por seu modelo. Eles não se perguntam como os reflexos conseguiram atravessar tantos séculos, por quais caminhos nem com quais intenções. Do mesmo modo, no *Crátilo*, as palavras se explicam pelas coisas descritas por elas; o tempo se limita a alterar as palavras e essas alterações são pouco merecedoras do nome de história: elas não obedecem a leis fonéticas, são aleatórias e não essenciais; não oferecem regularidade e não têm nenhum interesse. Os gregos também não julgarão que o mito tenha deformado a verdade por razões positivas, como o deslumbramento ou a comoção nacional; a causa dessas alterações é negativa, reside numa falta de espírito crítico. Eles jamais tiveram uma ciência do mito como tal, apenas uma ciência da história transmitida pelos mitos.

O modo de transmissão não interessa; a palavra é um simples espelho; por palavra, os gregos entendiam o mito, o léxico ou antes a etimologia, a poesia, os provérbios, enfim tudo que "se dizia" e fala por si só (já que a única coisa que fazemos é repeti-lo). Sendo assim, como a palavra poderia falar de nada? Sabemos o enorme problema que a existência do nada foi para a filosofia grega até Platão: esse é outro sintoma desse "discurso" do espelho que acabamos de encontrar no problema do mito. Para enganar-se, mentir ou falar a seco, é necessário falar do que não é; portanto, é necessário que o que não é seja, para que assim se possa falar dele; mas o que é o nada que não é nada? Platão decide enfrentar a questão, matar "nosso pai Parmênides" e, por um *tour de force* tão grande quanto aquele com que os matemáticos gregos admitiram pouco antes a existência de números não numeráveis (os famosos "irracionais"), admitir que o não ser é. Causa espanto que o esforço tenha sido tão grande; mas, se a palavra é um espelho, a dificuldade é compreensível: como um espelho poderia refletir um objeto que não está lá? Refletir o que não é equivale a não refletir; inversamente, se o espelho reflete um objeto, esse objeto existe; portanto, o mito não poderia falar de nada. Conclusão: temos certeza de antemão de que o mito mais ingênuo terá um fundo de verdade; e se nos interrogarmos, como Paléfato, sobre a origem dos erros que descobrimos nos mitos, constataremos que esses erros são simples acidentes de reprodução: o original era autêntico, mas, quando foi refletido, uma palavra foi tomada por outra, uma coisa foi tomada por uma palavra etc.

Refletir o nada é não refletir; refletir a névoa será, de modo semelhante, refletir confusamente: quando o objeto é turvo, o espelho também é. Os degraus do saber serão, portanto, paralelos aos do ser; todo o platonismo está aí. O jovem Aristóteles ainda se enroscará no seguinte problema: o princípio de que tudo é perecível deve ser perecível, mas se esse princípio perece, então as coisas cessam de perecer... O que se diz das coisas compartilha o destino das coisas; uma ciência do confuso será, portanto, uma ciência confusa, pobre ciência conjetural. Ao contrário, uma ciência será nobre se as coisas refletidas por ela forem elevadas.

"Em matéria de mitos", escreve Platão, "sem saber como os acontecimentos antigos se passaram realmente, fazemos de maneira que a falsidade tenha o mais possível o aspecto da verdade".[122] Platão não está sendo irônico; a falsidade, como sabemos, é apenas inexatidão, portanto, corrigimos tradições inexatas para recuperar o que parece ser a verdade; em termos modernos, formulamos hipóteses históricas verossímeis. Diante

---

122 Platão, *A república*, 382 D.

da idade mítica, os gregos tiveram duas atitudes: a ingenuidade que quer acreditar para se encantar e esse sóbrio regime em perpétuo suspense que denominamos hipótese científica; mas eles jamais recuperaram a tranquila confiança com que, logo que voltam ao período propriamente histórico, acreditam na palavra dos historiadores, seus predecessores, reproduzidos por eles. Bem ou mal, eles exprimiam o estado de dúvida científica que conservavam diante do mito, dizendo que a época heroica estava muito distante, muito apagada pelo tempo, para que se pudesse distinguir os contornos com plena certeza.[123]

---

[123] Plínio, *História natural*, XI, 17, 1: "reliqua vetustatis situ obruta"; Tucídides, I, 21, 1; Diodoro, IV, 1, 1.

Como devolver a verdade etiológica ao mito

Para depurar o mito e transformá-lo numa tradição exclusivamente histórica, bastará eliminar tudo que não tiver equivalente em nossa era histórica.

Sou de temperamento incrédulo com relação ao *mythôdes*, e por um bom motivo: jamais vi ninguém que o tenha constatado com seus olhos; um diz que um outro lhe contou, o segundo, que é dessa opinião, e o terceiro esquece tudo assim que um poeta fala.[124]

Atemo-nos então às realidades atuais, que foram devidamente constatadas. Você diz que Hércules, de mortal que era, conseguiu se tornar um deus? "Você teria a bondade, então, de me explicar como uma coisa foi possível antigamente e deixou de ser hoje?"[125] As coisas atuais dão a medida do que é naturalmente possível. "Dizem que os heróis tinham dez côvados de altura; é uma mitologia encantadora, mas mentirosa

---

124 Filóstrato, *Heroikos*, VII, 9, p.136 (p.7, 26 De Lannoy).
125 Cícero, *De natura deorum*, III, 16, 40; cf. também *De divinatione*, II, 57, 117.

e inacreditável, se considerarmos a natureza, da qual os indivíduos atuais são a medida."[126] A redução do mito à história exigirá duas operações; Paléfato se limitava a purificar as tradições do que era fisicamente inacreditável; resta eliminar o que é historicamente impossível, ou seja, a coexistência dos deuses e dos mortais; pois, na nossa idade histórica, os deuses se retiraram para longe dos homens. A evolução agitada de Pausânias, do qual vamos tirar a maioria de nossos exemplos, transcorre entre esses dois termos.

A natureza, dizem os epicuristas, se não tem leis que a obrigam a fazer isso ou aquilo, tem ao menos pactos ou *foedera* que lhe proíbem certas coisas e, em especial, embaralhar as fronteiras entre as espécies vivas. Portanto, não poderia haver metamorfoses; contam que, às margens do Pó, um músico se tornou rei e, depois de sua morte, transformou-se em cisne por vontade de Apolo; "de minha parte", escreve Pausânias, "acredito de fato que um músico foi rei nesse país, mas que um homem se transforme em pássaro não é, aos meus olhos, coisa digna de fé".[127] Também não poderiam existir monstros. O que fazer com Cérbero? No Tênaro, mostravam a gruta por onde Héracles trouxera o cão do inferno para a terra; infelizmente, diz ainda Pausânias, "não existe um caminho no fundo dessa gruta que leve para debaixo da terra, e também não devemos acreditar que os deuses têm uma espécie de morada subterrânea onde guardam as almas"; foi Hecateu de Mileto em pessoa quem encontrou "uma explicação verossímil": o "cão" do inferno era, na realidade, uma serpente gigante, cujo veneno era mortal e que foi morta por Héracles.[128] Os doutos não acreditavam em monstros, hipocentauros, quimeras e Cila,[129]

---

126 Filóstrato, op. cit., VII, 9, p.136 (p.7, 29 De Lannoy).
127 Pausânias, I, 30, 3.
128 Pausânias, III, 25, 5.
129 Artemidoro, *Sobre a interpretação dos sonhos*, II, 44 (p.178, 7); IV, 47 (p.272, 16 Pack).

e Lucrécio[130] confirmou esse ceticismo pela física epicurista. E por isso ninguém acreditava também na Gigantomaquia; que os deuses tenham tido de combater gigantes com pés de serpentes é uma concepção indigna de sua majestade e biologicamente impossível.[131] Pausânias é um novo Paléfato. Mas isso não é tudo; Homero, que mostrava os deuses misturando-se aos homens na época heroica, admitia tacitamente que eles deixaram de fazê-lo desde então. Mas como a história de antigamente se assemelha à de hoje, é necessário que nos tempos heroicos eles também não o fizessem. Um mito histórico será um mito sem deuses. Na idade de ouro, os deuses, os homens e as feras conviviam intimamente; mas, desde que o mundo se tornou real, os deuses se escondem e não há mais nenhuma comunicação possível:[132] "infelizmente", conclui Pausânias, "hoje, a perversidade tendo chegado ao nível que conhecemos, os homens não são mais transformados em deuses, a não ser na vã retórica que a bajulação dirige ao soberano".[133]

Consequentemente, era possível fazer, como fez Artemidoro,[134] uma espécie de classificação das tradições míticas conforme sua dignidade cultural. Algumas tradições são verossímeis, tanto histórica quanto naturalmente, de modo que são verdadeiras; as tradições em que os deuses intervêm, mas continuam fisicamente plausíveis, "não são verdadeiras no fundo, mas são previamente assumidas como verdadeiras pelo povo", por exem-

---

130 Lucrécio, V, 878; IV, 730.
131 Platão, *A república*, 378 C; Cícero, *De natura deorum*, II, 28, 70; Pausânias, VIII, 29, 3; Artemidoro, op. cit., IV, 47 (p.274, 16 Pack); *Aetna*, 29-93.
132 Reuni referências em *Le pain et le cirque*, p.581 e nota 102, p.741; devemos citar sobretudo Xenofonte, *Memoráveis*, IV, 3, 13.
133 Pausânias, VIII, 2, 4-5.
134 Artemidoro, op. cit., IV, 47 (p.274, 2-21 Pack); não é necessário dizer que tenho diante de mim a admirável tradução Festugière; três de meus estudantes, Maurice Blanc, Gilbert Casimiri e Jacques Cheilan, fizeram comigo, em 1968, uma tradução de Artemidoro, mas... nem assim traduzimos tão bem como o referido tradutor!

plo "as narrativas relativas a Prometeu, a Níobe e aos diferentes heróis de tragédia". Em compensação, as lendas contrárias à natureza, como "a Gigantomaquia, os guerreiros nascidos dos dentes do dragão na Cólquida e em Tebas, e outras lendas semelhantes", não têm "absolutamente nenhum fundo e são cheias de tolices e disparates". Mitos verdadeiros, verossímeis, inverossímeis; em história, apenas os primeiros são aceitos, mas os segundos são admitidos na cultura geral: podemos tirar temas de tragédias deles e citá-los como *exempla* retóricos,[135] do mesmo modo que psicólogos e filósofos modernos citam exemplos tirados dos romances; esses *exempla*, dizem Quintiliano e Dion, se não acreditamos neles, ao menos os acolhemos como argumentos. Se sonhamos com um mito falso, mas verossímil, Artemidoro nos aconselha a interpretar o sonho no sentido direto; mas, se sonhamos com um mito tolo, as esperanças que alimentamos serão inúteis.

O historiador tem a obrigação de eliminar os deuses do período mítico. Cícero e Tito Lívio não acreditavam que o pai de Rômulo fosse Marte e Pausânias não acredita que a mãe de Orfeu seja uma ninfa.[136] É por isso que aquilo que chamamos de evemerismo agradava tanto aos pensadores dessa época; é impossível acreditar no deus Hércules,[137] mas é historicamente salutar considerar Hércules, Baco e os Dióscuros grandes homens que, por reconhecimento, foram considerados deuses ou filhos de deuses.[138] Pausânias, que é mais um especialista em mitos do

---

135 Dion de Prusa, XI, *Discursos troianos*, 42; Quintiliano, *Institutio oratoria*, XII, 4.
136 Cícero, *De re publica*, II, 10, 18; Tito Lívio, prefácio, 7; em I, 4, 2, ele escreve que a vestal atribuiu a paternidade dos gêmeos a Marte, "seja porque acreditou realmente nisso, seja para esconder seu erro sob uma ilustre paternidade". Pausânias, IX, 30, 4; em IX, 37, 7, ele escreve também, como uma precisão reveladora: "os reis Ascálafo e Iálmeno, *ditos* filhos de Ares, e Astíoque, *filha* de Azeus".
137 Cícero, *De natura deorum*, III, 16, 40 et seq.
138 Cícero, *Tusculanas*, I, 12, 27 et seq.

que um historiador propriamente dito, conta sem pestanejar a maioria das lendas que lhe contaram, mas às vezes explode e exclui dos mitos a intervenção dos deuses; dizem que, por vontade de Ártemis, Actéon foi despedaçado por seus cães, "mas acredito que, sem intervenção divina, os cães de Actéon contraíram raiva e o despedaçaram como despedaçariam o primeiro que aparecesse"[139]. Nosso mitógrafo vai mais longe do que seu confrade Paléfato. Dioniso não teve nada a ver com a morte de Tritão, de um tritão ou dos tritões: é melhor acreditar em outra versão da lenda, que vê Dioniso como uma alegoria física e explica que os pescadores de Tânagra derramaram vinho no mar para embebedar um tritão que estava devastando o litoral e assim poder matá-lo com mais facilidade. Porque tritões existem e Pausânias viu um: em Roma, o procurador imperial *a mirabilibus* lhe mostrou um tritão; seus restos foram conservados nas coleções do príncipe.[140]

O critério das coisas atuais como medida de todas as coisas é um princípio salutar, mas de uso delicado; Pausânias duvida de muitas coisas, mas não dos tritões; ele também não duvida dos pássaros do lago Estínfalo, porque ainda são vistos na Arábia.[141] Na verdade, não devemos medir as coisas atuais por aquilo que conhecemos;[142] um tal Cléon, de Magnésia do Sípilo, autor de *Paradoxa*, observou que aqueles que não viram nada negam

---

139 Pausânias, IX, 2, 3-4.
140 Ibid., IX, 20, 4 e IX, 21, 1. É um *procurator a mirabilibus*, um *minister a mirabilibus* ou outro título equivalente que, a meu ver, devemos ver por trás do grego de Pausânias (VIII, 46, 5): οτ έπτ τοῖς θαίμασιν. Sobre esses *thaumata* que podiam ser visitados em Roma, cf. ainda Pausânias, IX, 21, 1; não tenho lembrança de que essa função seja epigraficamente atestada.
141 Pausânias, VIII, 22, 4. Mesmo raciocínio em I, 24, 1: o Minotauro foi um homem e só na lenda é que é um monstro (cf. nota 23)? Não é certeza, porque não é raro mulheres parirem monstros.
142 Santo Agostinho dirá isso para explicar a longa vida de Matusalém (*A cidade de Deus*, XV, 9).

certas esquisitices,[143] sem nenhuma razão, e Pausânias admite que, quando se oferecem sacrifícios a Etéocles e Polinice, a chama que sobe do altar consagrado aos irmãos inimigos divide-se milagrosamente em duas, porque essa maravilha ocorre em série e Pausânias a viu com seus próprios olhos.[144] Portanto, o problema é conhecer os limites da realidade; devemos acreditar que Aristômenes, herói dos messênios contra Esparta, participou da batalha de Leuctras depois de morto? Se os caldeus, os indianos e Platão estão certos em afirmar que a alma é imortal, torna-se difícil rejeitar esse mito.[145] Que ninguém retruque que a alma pode ser imortal e o mito em questão não passar de invenção; todo mito é presumido verdadeiro e cabe ao crítico provar sua falsidade, já que a verdade é mais natural que a mentira; nossos filólogos não cansam de repetir, com uma lógica um tanto confusa, que o texto dos manuscritos deve ser considerado verdadeiro, enquanto não for insustentável...

Portanto, não é uma história edificante que contamos aqui, a da razão contra o mito. Porque a razão não venceu, como veremos (o problema do mito foi esquecido, não resolvido), não era por uma boa causa que ela lutava (o princípio das coisas atuais foi o abrigo de todos os preconceitos: em seu nome, Epicuro e santo Agostinho negavam a existência dos antípodas) e, por fim, não era ela que lutava, mas um programa de verdade cujos pressupostos são suficientemente estranhos para nos escapar, ou espantar, quando os captamos. Não temos, sobre o verdadeiro, o falso, o mito e a superstição, uma visão completa, uma evidência, um *index sui*. Tucídides acreditava nos oráculos,[146] Aristóteles, na adivinhação pelos sonhos, Pausânias obedecia ao que sonhava.[147]

---

143 Pausânias fala desse Cléon de Magnésia em X, 4, 6.
144 Ibid., IX, 18, 3-4.
145 Ibid., IV, 32, 4.
146 Tucídides, II, 17.
147 Pausânias, I, 38, 7 e IV, 33, 5. Esses sonhos proibiram que ele revelasse certos mistérios sagrados. Era frequente que os literatos dessa época

Uma vez corrigidas as inexatidões da tradição, obtêm-se fatos autênticos. A literatura mitológica, oral ou escrita, com seus incontáveis autores, conhecidos ou desconhecidos, e suas múltiplas variantes, deverá concorrer com o registro civil dali em diante: deverá ter a coerência cronológica, prosopográfica e biográfica da história. Portanto, se em Atenas existe um túmulo de Édipo, esse dado terá de concordar com o resto: "À custa de longas pesquisas, descobri que os ossos de Édipo foram transportados de Tebas para Atenas; porque Homero", que diz que Édipo foi morto e enterrado em Tebas, "me impedia de acreditar no que Sófocles diz sobre a morte de Édipo".[148]

O tempo mítico não tinha nem profundidade nem medida;[149] é o mesmo que se perguntar se as aventuras do Pequeno Polegar aconteceram antes ou depois das da Cinderela. No entanto, os heróis, esses nobres personagens, tinham uma árvore genealógica; também acontecia de uma profecia anunciar a um herói que as desgraças da família terminariam cinco ou dez gerações depois dele.[150] Assim, desde cedo, os mitógrafos puderam estabelecer uma cronologia das gerações míticas; eles não estavam mais reduzidos a dizer: "Era uma vez um rei e uma ninfa", e conseguiram dobrar aqueles que duvidavam das lendas porque não comportavam uma cronologia[151] e, graças aos sincronismos,[152]

---

respeitassem seus sonhos; Artemidoro recebeu de Apolo, em sonho, a ordem de escrever *Sobre a interpretação dos sonhos* (*Oneirocritica*, II, prefácio, *ad finem*); Dion Cassius recebeu dos deuses, em sonho, a ordem de escrever sua *História romana* (XXIII, 2); Galeno estudou Medicina por causa dos sonhos de seu pai, que via o filho como médico (X, 609 e XVI, 223 Kühn); um sonho forneceu a Galeno a composição de um remédio (XVI, 222).

148 Pausânias, I, 28, 7.
149 Radermacher, *Mythos und Sage bei den Griechen*, p.88. Prinz (*Gründungsmythen und Sagenchronologie*) é alheio ao nosso problema.
150 Ésquilo, *Prometeu acorrentado*, 774 e 853.
151 Diodoro, IV, 1, 1.
152 Exemplos de discussão das variantes lendárias por meio dos sincronismos: Pausânias, III, 24, 10-1; IX, 31, 9; X, 17, 4. Sobre essas cronologias lendárias, Kroll, *Studien zum Verständnis des römischen Literatur*, cap.3 e p.310.

puderam distinguir as lendas falsas das verdadeiras; Isócrates pôde vingar Busíris das calúnias de um retórico, provando que Busíris era dez séculos anterior a esse Héracles que o teria castigado por certos crimes, segundo se dizia.[153] A prosopografia não se tornou menos coerente; as homonímias foram discutidas e dissipadas (Pausânias estabeleceu que Télamon, cujo túmulo pode ser visto em Féneo, não é pai de Ajax, mas um obscuro homônimo).[154] Os mitógrafos também tiveram de desdobrar certos acontecimentos. Como a mais antiga vitória olímpica de que se tinha memória datava de 776, eles concluíram que essa data era também a da criação da competição; mas, como se sabia que Apolo vencera Hermes e Ares em Olímpia, tiveram de imaginar que uma primeira competição olímpica foi instituída em tempos muito antigos, depois caiu em desuso e voltou em 776. Invenção de um historiador a Diodoro, ou de um filólogo para quem os textos são a própria realidade; Estrabão e Pausânias, de sua parte, não acreditam em nada disso;[155] eles têm uma concepção menos pueril dos deuses.

Afirmava-se que os nomótetas Onomácrito, Tales, Licurgo, Carondas e Zaleuco haviam sido discípulos uns dos outros; Aristóteles faz uma objeção cronológica (*A política*, 1274 A 28); Tito Lívio prova da mesma maneira que Numa Pompílio não pode ter sido discípulo de Pitágoras (I, 18, 2). Cf. também Dionísio, *Antiguidades*, II, 52. Sobre os sincronismos na historiografia grega, Momigliano, *Essays in Ancient and Modern Historiography*, p.192, e *Studies in Historiography*, p.213.

153 Isócrates, *Busíris*, 36-7.
154 Pausânias, VIII, 15, 6-7. Pausânias discute outras homonímias em VII, 19, 9-10 e VII, 22, 5. Foi para resolver problemas cronológicos e prosopográficos que se teve de concluir, na época helenística, que existiam vários Héracles homônimos, vários Dionisos e até vários Zeus (*é o que dizem até mesmo Diodoro, Estrabão e Cícero; cf. Pausânias, IX, 27, 8*).
155 Sobre essa primeira competição olímpica, cf. Estrabão, VIII, 3, 30, C. 355 (nessa ocasião, ele distingue Héracles, filho de Alcmena, e o Héracles dos Curetes, e conclui: "Tudo isso é contado de várias maneiras e não é absolutamente digno de confiança"); Pausânias, V, 4, 5; V, 8, 5; VIII, 26, 4; sobre o início do cômputo olímpico, VI, 19, 13 e VIII, 2, 2 (em sua datação dos

Em todo caso, essa obsessão de cronologia rigorosa é significativa. A lei do gênero histórico exigia e ainda exige que os acontecimentos sejam relatados com a data em que aconteceram, se possível o dia. Por que essa precisão frequentemente inútil? Porque a cronologia é o olho da história e permite verificar ou refutar hipóteses? É verdade que ela permite isso, mas não é por isso que se dá tanto valor a ela; em primeiro lugar, a cronologia, assim como a geografia e a prosopografia, basta por si só num programa de verdade em que o tempo e o espaço são conhecidos e quando se pode situar nela aquilo que eles contêm: homens, acontecimentos e lugares. Essa é a mais cândida das concepções da história; quando alguém sabe apreciar uma pintura, ele é um esteta, mas, se sabe dizer a data em que foi pintada, é um historiador da arte: ele sabe de que é feito o passado da pintura. Assim, os gregos extraíram uma cronologia histórica das genealogias heroicas, e o tempo mítico, que se tornou homogêneo ao nosso, precedeu-o, até a data fatídica de aproximadamente 1200, data da guerra de Troia, que é quando começa a história puramente humana.[156]

O que era preciso saber para conhecer a história das idades heroicas? As genealogias. A fundação de Patras, para citarmos um exemplo entre cem, foi obra de Patreus, filho de Preugenes e neto de Agenor, e deu seu próprio nome à cidade; esse Agenor era filho de Areus, filho de Ampis, filho de Pélias, filho de Eginetes, filho de Dereites, filho de Hárpalo, filho de Amiclas, filho de

---

sincronismos das competições gregas mais antigas, Pausânias se recusa a levar em consideração a primeira competição olímpica, da qual participaram Héracles e Apolo). Por outro lado, Pausânias sabe que houve uma época em que os edilenses ainda não conservavam o nome dos vencedores (VI, 19, 4). Sobre o sincronismo entre o ano 776, o rei Ífito, que criou ("recriou") a competição, e Licurgo, cf. Pausânias, V, 4, 4, et Plutarco, *Vida de Licurgo*, I.

156 Sobre essa data, cf. Timeu, apud Censorino, *De die natali*, XXI, 3. Sobre a ligação entre o tempo mítico e o tempo histórico, cf., por exemplo, Pausânias, VIII, 1-5 e 6.

Lacedêmon.[157] Conhecer completamente o passado reduzia-se a conhecer a lista completa dos reis ou arquétipos, sem esquecer os laços de parentesco que os unia: tinha-se, assim, a trama dos tempos. Poetas e historiadores locais teceram essa trama por toda a parte; o mito, esse "diz-se" sem autor que se confunde com a verdade, foi reinterpretado como lembrança histórica ou cultual que teria sido transmitida de geração em geração a partir das testemunhas oculares. Se alguém queria saber as origens de uma cidade, tinha de interrogar os habitantes da região; o gramático Ápion, que queria saber que jogo os pretendentes de Penélope jogavam, com fichas, diante da porta do *megaron*, perguntou a um morador de Ítaca.[158] Pausânias não fez diferente: visitou a Grécia cidade por cidade e, em cada uma, procurou os notáveis que se interessavam pelas origens locais e, muitas vezes, possuíam um livro de um historiador pouco conhecido; esses eruditos e esses livros são conjuntamente o que Pausânias chama de "exegetas das antiguidades", que se achou erroneamente que fossem cicerones ou sacristãos.[159] Na maioria das vezes, Pausânias não dá nomes: o historiador antigo, como sabemos, não insere notas em pé de página...

Mas por que a trama dos tempos era genealógica? Porque os mitos contavam a biografia de heróis, reis, arquétipos; essa velha literatura oral falava apenas de origens, fundações, atos

---

157 Pausânias, VII, 18, 5; outro exemplo, VII, 4, 1.
158 Ateneu, I, 16 F-17 B (*Odisseia*, I, 107).
159 Cf. nota 14. Pausânias cita, por exemplo, um certo Calipos de Corinto, autor de uma história de Orcômenos (IX, 29, 2 e 38, 10). Ele diz que interroga "as pessoas da região", "o povo" (VIII, 41, 5), que, às vezes, não sabe de nada; então ele se dirige aos "nativos a quem foram transmitidos velhos livros históricos [*hypomnémata*]"; em outra ocasião, apenas o velho da aldeia sabe a origem de um costume (VIII, 42, 13 e VI, 24, 9). Entre seus informantes, há um *nomophylax* de Élida (VI, 23, 6), as tíades de Atenas (X, 4, 3), seu anfitrião em Larissa (IX, 23, 6), um efésio (V, 5, 9). No entanto, cf. Jacoby, *Atthis, the Local Chronicles of Ancient Athens*, nota 2, p.237, e add. p.399.

guerreiros, dramas de família, cujos protagonistas eram principescos. Vimos que os arquétipos, Heleno ou Pelasgo, foram considerados antigos reis, desde que o próprio mito foi interpretado como tradição histórica; a história da cidade foi a da sua família real; os heróis também eram personalidades principescas. Concluiu-se disso que "por toda a Grécia, antigamente, houve reis e não cidades livres".[160] A patética literatura mítica dos dramas familiares também foi travestida de história séria; a história arcaica de Acaia[161] foi tão cheia de revoluções de palácio quanto a dos Selêucidas ou dos Lágidas; na pluma de Pausânias, a guerra dos Sete contra Tebas se torna uma espécie de Guerra do Peloponeso e "a mais memorável de todas que os gregos travaram entre si durante o período heroico", como escreve nosso autor, imitando candidamente Tucídides;[162] Argos e Tebas contavam ambas com cidades aliadas em toda a Hélade; o conflito comportou diversos períodos, sítios, guerra de movimento, batalhas decisivas.

Assim se constituiu, ao longo do período helenístico e romano, essa enorme historiografia local, magistralmente estudada por nosso mestre Louis Robert; ela dava a cada cidade suas origens, seus ancestrais, e isso permitia aos políticos, para estabelecer uma aliança ou pedir um favor, grande ou pequeno, invocar parentescos lendários entre as cidades; parentescos inesperados muitas vezes: entre Lanuvium e Centuripe, Esparta e Jerusalém, Roma e Ílion.[163] Pode-se dizer que é uma

---

160 Pausânias, IX, 1, 2. Sobre todas essas questões de genealogia e etiologia, cf. Jacoby, op. cit., em particular p.143 et seq. e p.218 et seq. A importância política da história local mítica é confirmada pela epigrafia (mármore de Paros, lista dos sacerdotes de Poseidon em Halicarnasso, a Crônica de Lindos).
161 Pausânias, VII, 1 e 2.
162 Pausânias, IX, 9.
163 Sabemos que, desde a idade clássica, os parentescos entre as cidades eram um argumento diplomático (cf., por exemplo, Heródoto, VII, 150; Xenofonte, *Helênicas*, VI, 3, 6). Sobre Lanuvium e Centuripe, cf. J. e L. Robert,

historiografia de falsários, em que tudo é inventado a partir de minúsculos indícios ou da imaginação do autor; os tempos modernos, até uma época bastante recente, tiveram uma historiografia dinástica ou regional que não era menos imaginária.[164] Não devemos ver um tormento metafísico nessa ideologia das origens; não se tratava de uma busca mal orientada que procurava nos tempos distantes a profundidade de um fundamento. A etiologia era simplesmente uma necessidade de identidade política.

O que era estranho nessa historiografia local, na verdade, é que ela se reduzia às origens: ela não contava a vida da cidade, as lembranças coletivas, os grandes momentos. Sabia-se o suficiente quando se sabia quando e como a cidade fora fundada; depois que nascia, a cidade tinha apenas de viver sua vida, que se presumia comparável ao que pode ser uma vida de cidade e que seria o que podia ser. Isso não importava: depois que o historiador contava a sua fundação, a cidade era fixada no espaço e no tempo; ela ganhava sua cédula de identidade.

Esse conhecimento das identidades por fixação era familiar aos antigos. Alguns epitáfios identificavam o defunto dessa

---

Bulletin épigraphique, *Revue des études grecques*, LXXVIII, p.197; sobre Esparta e Jerusalém, cf. 2 Macabeus, 4; os etruscos também conheciam o resto da lenda troiana, e sua mitologia era a mitologia grega; disso não resulta absolutamente que tenham conhecido a lenda de Eneias fundador de Roma; em compensação, esse tipo de invenção vai ao encontro da pseudo--história helenística e eu, de minha parte, acredito que a tese de J. Perret é correta. Sabemos, por outro lado, que a leitura do nome de Eneias num cipo arcaico de Tor Tignosa é uma leitura errada (*Année épigraphique*, n.2).

164 Jacopo de Varazze, autor da *Legenda áurea*, escreveu também uma história de Gênova, sua pátria; sabe-se por ela que essa cidade teve como fundador Jano, primeiro rei da Itália e, mais tarde, como segundo fundador, um segundo Jano, homônimo do anterior e cidadão de Troia, como Eneias. Durante muito tempo, a história da arte no Sul da Itália foi falsificada por um erudito napolitano que, em 1743, inventou, de cabo a rabo, artistas, nomes, datas, biografias (Bertaux, *L'art dans l'Italie* méridionale, prefácio). Imagino que esse "falsário" queria dar um Vasari ao Sul da Itália.

maneira e Virgílio os imita em dois belos versos sobre a morte do guerreiro Éolo: "lá estavam teus marcos de mortal: excelsa morada aos pés do Ida, em Lirnasso, excelsa morada, e, em terra laurentina, um túmulo"; e o epitáfio do próprio Virgílio será: "Mântua deu-me a luz, a Calábria tomou-ma". De modo semelhante, leio as seguintes linhas no *Petit Larousse* de 1908: "Zichy (Eugène de), político e explorador húngaro, nascido em Zichyfalva em 1837; Ziegler (Claude), pintor francês, nascido em Londres (1804-1856)".

Assim, graças à etiologia, mesmo a mais minúscula das cidades gregas terá sua personalidade; será uma pessoa moral, um membro de pleno direito da sociedade das cidades. Será comparável a um homem plenamente homem, a um homem nascido livre; essas cidades, "desde o nascimento, são figuras ilustres e não começaram como escravos", escreve Menandro, o Retórico,[165] no tratado que dedicou aos discursos epidícticos, em que conferencistas louvavam uma cidade diante de seus habitantes.

---

[165] Sobre os discursos epidícticos, Spengel, *Rhetores Graeci*, v.3, p. 356, 30.

O mito como "conversa fiada"

Dizer que, por consequência, o mito se tornou uma ideologia política não é errado, mas é pouco instrutivo. Um detalhe leva além dessas generalidades: frequentemente os gregos parecem não ter acreditado muito em seus mitos políticos e eram os primeiros a rir deles quando os apresentavam em cerimônias. Eles faziam um uso cerimonial da etiologia; na verdade, o mito se tornara verdade retórica. Adivinhamos então que eles sentiam menos descrença propriamente dita do que um sentimento de convenção ou derrisão diante do caráter convencional dessa mitologia. Daí uma modalidade particular de crença: o conteúdo dos discursos epidícticos não era visto nem como verdadeiro nem como falso, mas como verbal. A responsabilidade por essa "conversa fiada" não é dos poderes políticos, mas de uma instituição típica dessa época, ou seja, a retórica. Nem por isso os interessados eram contra ela, porque sabiam distinguir a letra da boa intenção: se não era verdadeiro, era bem pensado.

Os gregos tinham uma velha complacência pelo *bene trovato*, o que confirma uma ideia do jovem Nietzsche: não existe mentira quando o mentiroso não está interessado em mentir;[166] não podemos mentir quando dizemos, a propósito de valores, talvez mais bem do que deveríamos se fôssemos rigorosos. O hino homérico a Hermes é uma ilustração cômica desse zelo piedoso; segundo o poeta, o deus Hermes, jovem prodígio cheio de astúcias, mal saiu do ventre da mãe, inventou a arte das canções; a primeira composição dessa testemunha privilegiada consistiu em contar os amores entre seu pai e sua mãe. A multidão de peregrinos que escutou pela primeira vez a recitação desse hino deve ter se sentido cúmplice e aplaudido com gosto: ninguém caiu na esparrela da engenhosa ficção, mas não esperavam menos de Hermes e eram gratos ao poeta por ter inventado essa lenda. Esses peregrinos eram pessoas honestas, respeitavam os valores. De fato, as pessoas sérias, responsáveis, julgam num sentido elevado o seguinte problema de consciência: podemos, sem pedantismo, condenar alguém que abraça zelosamente a causa certa, a do Bem que é também o Verdadeiro, por razões que à risca não são verdadeiras? Não é melhor ignorar esse erro puramente verbal? Semelhante indiferença à veracidade, quando os verdadeiros valores estão garantidos, define toda uma série de condutas historicamente diversificadas. Na Grécia, essas condutas verbais, em que a linguagem menos informa do que cumpre uma função, encontram-se nas relações internacionais; na política interna, eram representadas por um gênero literário: o panegírico da cidade, proferido diante dos cidadãos.

Em 480, logo após a vitória sobre os persas em Salamina, os gregos se reuniram num congresso; a vitória definitiva estava próxima e Atenas, que salvara a Hélade do Bárbaro, aparecia como a cidade hegemônica; ela tinha o poder e a linguagem

---

166 Cf. nota 75. Sobre esse ponto, temos o prazer de citar também o livro original e corajoso de Feyerabend, *Contre la* méthode, p.302, e nota 1, sobre mentira e ficção na Grécia arcaica.

do poder. Como outra cidade fora suficientemente ousada para opor, a essa nova primazia, seus privilégios tradicionais, os atenienses responderam que seus próprios direitos não eram menos antigos: Atenas já fora vitoriosa nos tempos dos Heráclidas, da Tebaida e da invasão das amazonas;[167] todos compreenderam o que falar queria dizer e Atenas teve ganho de causa. Os títulos míticos haviam servido para designar as relações de força, justificando-os; isso dispensava a obrigação de nomeá-los. Disfarce ideológico? A relação não é de sobreposição, como é o coberto pelo que o cobre; é a relação do papel-moeda das palavras com a reserva metálica do poder. Ameaça disfarçada de elogio? Não só. Alegando razões elevadas, em vez de mostrar nossa força, incitamos o outro a se submeter de vontade própria, e por razões honrosas, que salvam as aparências. A ideologia não é um doblete: ela se enfia como uma cunha num mecanismo. Os títulos de glória míticos, assim como os parentescos lendários entre os povos,[168] serviam de salamaleque na sociedade internacional; cada cidade afirmava suas origens lendárias a seus parceiros, que tomavam o cuidado de não duvidar; era uma maneira de se afirmar como pessoa. Assim, a sociedade das cidades era composta de personagens nobres, que tinham laços de parentesco entre si;

---

167 Heródoto, IX, 26-28. O papel de Atenas na guerra das amazonas é exaltado também nos *Epitáfios* de Lísias (II, 3 e seq.). Cf. Y. Thébert, L'image du Barbare à Athènes, *Diogène*, n.112, p.100.

168 Na diplomacia, o recurso ao mito preenche a eventual lacuna entre os interesses em jogo e os compromissos firmados. Os judeus afirmam aos espartanos, que têm todo o cuidado de não duvidar, que os dois povos são irmãos por Abraão; a fraternidade assim selada raramente tem ocasião de ser posta a prova, de modo que os salamaleques devem ser periodicamente renovados (1 Macabeus 12); ela tem serventia de tempos em tempos e o grande sacerdote Jasão, vencido, acaba seus dias em Esparta; cf. Cardauns, Juden und Spartaner, *Hermes*, XCV, p.314. Em compensação, quando uma aliança ou uma inversão de alianças se funda em interesses vivos e atuais, não adianta invocar parentescos lendários, e seria até ridículo invocá-los: isso é bem marcado nas *Helênicas* (VI, 3), em que Xenofonte opõe o discurso pomposo e ridículo de Cálias ao dos outros deputados atenienses.

quando essas ficções eram aceitas como artigo de fé, mostrava-se que se concordava com as regras da vida internacional das cidades civilizadas.

Coisa curiosa, a afirmação da personalidade de cada cidade, assim como a individuação por fixação, tinham também um grande papel político interno; não podemos imaginar o prazer com que os cidadãos ouviam um orador proferir o panegírico da cidade; esses discursos de louvor foram uma moda que durou mil anos, até o fim da Antiguidade. Falava-se tanto de origens míticas e parentescos de cidades na Grécia quanto se falou de genealogia nos salões do Faubourg Saint-Germain, e pelas mesmas razões.[169] Natural da cidade ou nascido em outra, o orador celebrava suas origens e essa não era a parte menor do elogio que ele fazia; os cidadãos tinham grande prazer em escutá-lo. Sócrates diz ironicamente:

> Quando ouço celebrar os que morreram recentemente na guerra e, com eles, nossos ancestrais, nossa cidade e nós mesmos, sinto-me mais nobre, maior, e cada um dos outros ouvintes sente a mesma coisa de sua parte, de modo que todo o corpo cívico sai dali engrandecido, e levo bem uns três dias para me refazer da emoção.[170]

---

169 Cf. uma passagem engraçada de *Hípias maior* (285 DE). Esse modo de louvor estava no auge na época imperial; Apuleio proferiu várias vezes o elogio de Cartago (*Flórida*, 18 e 20); Favorinus, o de Corinto (esse elogio foi atribuído a Dion de Prusa e forma seu discurso XXXVII) e Tertuliano, o de seus compatriotas cartaginenses. Em todos esses casos, notaremos que Cartago e Corinto, colônias romanas, são consideradas cidades antigas: Corinto supostamente continua a antiga cidade grega que foi destruída mais de dois séculos antes pelos romanos e substituída por uma colônia homônima; e Cartago supostamente continua a cidade de Dido e Aníbal. Vemos em funcionamento aqui o pensamento etiológico, que apaga a história e individualiza pelas origens.
170 Platão, *Menexeno*, 235 AB.

Nos ridículos, nos constrangimentos, nas pequenas ironias da vida cotidiana, processos mais sérios vêm à consciência. Todas as cidades, grandes ou pequenas, tinham suas origens, e todas podiam ser elogiadas: os manuais de retórica ensinavam receitas para encontrar méritos em qualquer lugarejo que fosse. Assim, esses panegíricos visavam menos exaltar uma cidade acima de todas as outras do que reconhecer sua dignidade de pessoa. E esse elogio se dirigia menos ao grupo do que aos indivíduos; nesses panegíricos proferidos diante da cidade reunida, não era o grupo que adorava a si mesmo, como em Nuremberg: o elogio da cidade fazia cada cidadão sentir não que era sustentado por uma força coletiva, mas que, além de seus méritos, ele tinha uma dignidade pessoal a mais, isto é, a qualidade de cidadão. A glorificação do grupo era a glorificação dos indivíduos, como se a nobreza fosse gabada diante de nobres. Não se tratava de orgulho patriótico; o indivíduo tinha orgulho não de pertencer a esta cidade, em vez daquela, mas de ser cidadão, em vez de não ser. Porque a cidadania não era um traço visto como universal, uma espécie de grau zero da individualidade, como acontece entre nós (um indivíduo é francês ou alemão porque não pode não ser coisa nenhuma): por mais que todo mundo pertencesse a uma cidade, ninguém tinha menos orgulho de ser cidadão por causa disso. Para explicar o porquê, teríamos de investigar a parte oculta do *iceberg* da política antiga; digamos apenas que a cidade não era uma "população"; não era a fauna humana que o acaso do nascimento faz surgir dentro dos limites deste ou daquele espaço territorial: cada cidade sentia a si mesma como uma espécie de corpo constituído, à semelhança das corporações no Antigo Regime ou a ordem dos advogados ou dos médicos. Estranho privilégio nessa Hélade ou nesse Império romano, em que todo homem livre, ou quase todos, é cidadão de qualquer cidade; é compreensível que a contradição de um privilégio universal tenha provocado certo mal-estar no subconsciente dos interessados; esse vago tormento fazia o indivíduo sentir um intenso prazer quando escutava um panegírico em que um dos dois termos da contradição era exaltado, com a exclusão do outro.

Pois temos a capacidade de reagir emocionalmente a contradições das quais não temos consciência clara. Não podendo saber claramente o porquê, sentimos essa reação de incômodo que chamamos de senso do ridículo. Os gregos eram os primeiros a zombar desse gosto pelos panegíricos cívicos: "Sóis, ó atenienses, um povo de pacóvios; quando os representantes das cidades sujeitas vos queriam enganar, começavam chamando--vos de brilhante Atenas, e vós, ao ouvir isso, remexíeis o traseiro na cadeira". Em outro poeta cômico,[171] um cafetão que faz queixa contra um de seus clientes lembra aos jurados que a justiça deles deve se mostrar digna dos fundadores da cidade, Hércules e Esculápio. O mal-estar e a dúvida podem nascer também de uma disfunção. No terreno diplomático, a invocação dos grandes ancestrais fazia as vezes de bons motivos, na falta de interesses mais substanciais; tornava-se ridícula e verbal[172] quando esses interesses existiam e o momento exigia que se falasse de negócios.

Outra fonte de ceticismo era a presença da retórica, constituída como técnica consciente de si mesma; esse pessoal aprendia na escola a arte de fazer acreditar ou fazer frases e não era bobo.[173] Às vezes eles chegavam ao ponto de levar a má-fé ao didatismo; em seu *Panegírico de Atenas*, Isócrates[174] quer que se vá buscar "muito antes da guerra de Troia" as provas da grandeza e da generosidade de Atenas e acrescenta que, "embora a narrativa dessas provas seja *mythôdes*, ainda assim convém fazê-lo"; como

---

171 Aristófanes, *Os arcanenses*, 636 (cf. *Os cavaleiros*, 1329); Herodas, II, 95.
172 Xenofonte, op. cit., VI, 3 (cf. nota 168).
173 É assim que Pausânias (citado na nota 133) e santo Agostinho (*Confissões*, VI, 6) ironizam outro tipo de panegírico, dirigido ao imperador; "minhas mentiras de panegirista estavam certas de que conseguiriam a aprovação dos ouvintes, que, no entanto, sabiam a verdade", escreve santo Agostinho.
174 Isócrates, *Panegírico de Atenas*, 54 (cf. 68) e 28.

esse orador pode ser tão inábil a ponto de desmentir suas próprias afirmações? Porque ele também era professor de retórica e comenta cada um de seus efeitos oratórios, para a instrução de seus leitores. Uma fonte de mais era a não profissionalização da atividade de historiador. Vimos anteriormente que o belo título de historiador era usado por autores como Diodoro, que visavam sobretudo distrair os leitores ou entretê-los com suas convicções piedosas, e por historiadores "sérios", ou mesmo "pragmáticos", que pretendiam deixar lições instrutivas aos políticos. Se acreditarmos neles. Na verdade, eles visavam sobretudo contar aos políticos do futuro histórias interessantes, se não instrutivas, que trouxessem à baila confrades da corporação política; porque o remendão gosta de ouvir falar de remendões. Isso vale para o *ktéma es aei* de Tucídides e suas lições de história. Assim, havia livros de história sérios, e havia muitos livros de história que não eram sérios, mas o pior é que nenhum sinal exterior separava uns dos outros: o público estava reduzido a julgar pelas peças probatórias. A não profissionalização tinha efeitos nefastos, como podemos ver. Devemos acrescentar brevemente que a atual profissionalização universitária tem outros efeitos não menos perversos, embora os sociólogos universitários – quem diria! – pareçam não discerni-los muito bem. Ainda assim, a indistinção entre o melhor e o pior confundia as mentes, arrasava o moral dos leitores e alimentava um ceticismo dissimulado. Portanto, os historiadores daquela época tinham de agradar a todas as tendências de um público bastante misturado; quando Tito Lívio ou o *De re publica* dizem que Roma é uma cidade suficientemente grande para que se respeitem as fábulas com que ela embelezou suas origens, eles não estão fazendo uma lavagem cerebral, muito pelo contrário: como bons historiadores-repórteres que são, deixam desdenhosamente que cada uma das diferentes tendências de leitores escolha sua versão preferida dos fatos; ainda assim dão a entender que, de sua parte, não acreditam em uma única palavra dessas fábulas. Podemos ver como a velha candura estava distante da ditadura ideológica ou dos maneirismos edificantes. A função criava seu órgão, isto é, a "conversa fiada" da etiologia ou da retórica, mas nenhuma autoridade política ou religiosa contribuía com seu peso. Comparada aos séculos cristãos ou marxistas, a Antiguidade tem muitas vezes um ar voltairiano; dois áugures não podem se encontrar sem sorrir um para o outro, diz Cícero; sinto que estou me tornando um deus, disse um imperador agonizante. Isso coloca um problema geral. Assim como os dorzes, que acreditam ao mesmo tempo que o leopardo jejua e que devem evitá-lo todos os dias, os gregos acreditam e não acreditam em seus mitos. Eles acreditam, mas tiram proveito deles e deixam de acreditar quando não veem mais interesse neles; devemos acrescentar, em defesa dos gregos, que essa má-fé residia antes na crença do que no uso interessado: o mito não passava de uma superstição de semiletrados, questionada pelos doutos. A coexistência de verdades contraditórias dentro de uma mesma cabeça não deixa de ser um fato universal. O feiticeiro de Lévi--Strauss acredita em sua magia e a manipula cinicamente; o mágico de Bergson recorre à magia apenas quando não existem receitas técnicas garantidas; os gregos consultam a pítia e sabem que às vezes a profetisa faz propaganda a favor da Pérsia ou da Macedônia; os romanos manipulam a religião de Estado com fins políticos e jogam os frangos sagrados na água se eles não predizem o que devem, e todos os povos dão uma mãozinha aos seus oráculos ou a seus índices estatísticos para confirmar aquilo em que desejam acreditar. Ajuda-te e o céu te ajudará; o Paraíso, mas quanto mais tarde melhor. Como não ficar tentado a falar de ideologia?

Se podemos acreditar em coisas contraditórias, é porque em certos casos o conhecimento que temos de um objeto é falsificado por influências interessadas. Pois, naturalmente, existem objetos inscritos na esfera da realidade, e uma luz natural do espírito os reflete; ora o raio de luz chega diretamente até nós, ora é desviado pela imaginação ou pela paixão, como dizia o Grande Século, pela autoridade ou pelo interesse, como se diz hoje; de modo que a um mesmo objeto correspondem dois reflexos, dos quais o segundo é falsificado. A ideologia é um *tertium quid* ao lado da verdade e das panes inevitáveis e aleatórias da verdade que são os erros; é um erro constante e orientado. O que torna esse esquema plausível é que ele lembra a velha ideia de tentação e corrupção: o interesse, o dinheiro podem dobrar a consciência mais reta.

A noção de ideologia é uma tentativa louvável e fracassada de enfeitar a lenda com um conhecimento desinteressado, segundo a qual existiria uma luz natural que seria uma faculdade autônoma, diferente dos interesses da vida prática. Infelizmente, essa tentativa leva a um compromisso que não satisfaz a nenhuma das partes: a ideologia mistura duas concepções inconciliáveis do conhecimento, a do reflexo e a da operação. Pouco marcante à primeira vista, essa contradição é redibitória, se pensarmos um instante: o conhecimento não pode ser ora reto, ora enviesado; se forças como o poder ou o interesse de classe desviam o conhecimento quando ele é falso, então as mesmas forças estão em ação também quando ele diz a verdade; o conhecimento é o produto dessas forças, não o reflexo de seu objeto.

Seria melhor reconhecer que todo conhecimento é interessado e que verdades e interesses são duas palavras diferentes para designar uma mesma coisa, porque a prática pensa o que ela faz. Quis-se distinguir a verdade e os interesses apenas para tentar explicar as limitações da verdade: pensava-se que ela era limitada pela influência dos interesses. É esquecer que os próprios interesses são limitados (em todas as épocas eles se inscrevem nos limites históricos, são arbitrários em sua participação feroz nos lucros) e têm os mesmos limites que as verdades correspondentes: eles se inscrevem nos horizontes que os acasos da história atribuem aos diferentes programas.

Do contrário, acabaríamos achando paradoxal que interesses possam ser vítimas de sua própria ideologia. Se esquecêssemos que práticas e interesses são limitados e *raros*, consideraríamos o imperialismo ateniense e o imperialismo hitleriano dois exemplos de imperialismo eterno e o racismo hitleriano não seria mais do que uma cobertura ideológica, variada, sim, mas e daí? Se a única função do racismo é justificar o totalitarismo ou o fascismo, ele não passará de uma superstição ou fingimento. Acabaremos constatando, para a nossa surpresa, que Hitler, com seu racismo, algumas vezes comprometeu o sucesso de seu imperialismo totalitário. A verdade é mais simples: Hitler se limitava a pôr em prática suas ideias racistas, que era o que lhe interessava; Jackel e Trevor-Roper mostraram que seu verdadeiro objetivo de guerra era aniquilar os judeus e retomar a colonização germânica dos países eslavos; para ele, russos, judeus e bolcheviques eram a mesma coisa e ele não achava que comprometeria sua vitória sobre estes últimos perseguindo aqueles dois primeiros... Não é porque alguém é "interessado" que é racional; mesmo os interesses de classe são frutos do acaso.

Já que interesses e verdades não provêm "da" realidade nem de uma poderosa infraestrutura, mas são limitados conjuntamente pelos programas do acaso, seria honrá-los demais pensar que sua eventual contradição é perturbadora: não há verdades contraditórias num mesmo cérebro, apenas programas diferentes, que encerram cada um verdades e interesses diferentes, ainda que essas verdades tenham o mesmo nome. Conheço um médico que, embora seja um homeopata convicto, tem a sabedoria de prescrever antibióticos quando a doença é grave: ele reserva a homeopatia para os casos anódinos ou desesperados; sua boa-fé é absoluta, posso garantir: de um lado, ele quer se encantar pelas medicinas não conformistas e, de outro, considera que o interesse do médico e do paciente é eliminar a doença; esses dois programas não têm nada de contraditório ou de comum e a contradição aparente está apenas na letra das verdades correspondentes, que quer que ele seja homeopata ou que não o seja. Mas as verdades não são como estrelas inscritas na abóbada celeste: elas são o pontinho de luz que aparece na luneta de um programa, de modo que a dois programas diferentes correspondem evidentemente duas verdades diferentes, ainda que o nome seja o mesmo.

Isso não deixa de ser interessante para a história das crenças. Nosso espírito não se martiriza quando, parecendo se contradizer, muda sub-repticiamente de programa de verdade e de interesse, como faz a todo instante; isso não é ideologia: é nossa forma de ser mais habitual. Um romano que manipula a religião de Estado segundo seus interesses políticos pode estar agindo com a mesma boa-fé que meu amigo homeopata; se age de má-fé, é porque não acredita em um de seus dois programas, apesar de utilizá-lo, mas não porque acredita em duas verdades contraditórias. A má-fé, aliás, nem sempre está do lado que imaginamos; nosso romano pode ser sinceramente devoto; se finge um escrúpulo religioso em que não acredita para interromper uma assembleia eleitoral em que o povo ameaça votar mal, isso não prova que ele não acredita em seus deuses, mas sim que não acredita na religião de Estado e a considera um embuste útil inventado pelos homens. Mais provavelmente, pensará que é necessário defender todos os valores em conjunto, religião ou pátria, e que uma razão nunca é errada quando apoia a causa certa.

Nossa vida cotidiana é composta de um grande número de programas diferentes, e a impressão de mediocridade cotidiana surge justamente dessa pluralidade, que, em certos estados de escrúpulo neurótico, é percebida como hipocrisia; nós passamos incessantemente de um programa a outro, como se muda de estação de rádio, mas fazemos isso sem perceber. Ora, a religião é apenas um desses programas e tem pouca influência sobre os outros.

Como diz Paul Pruyser em *Dynamic Psychology of Religion*, a religiosidade ocupa, em um dia, apenas uma mínima parte dos pensamentos de um homem religioso, mas poderíamos dizer o mesmo dos pensamentos de um atleta, de um militante ou de um poeta. Ela ocupa uma faixa estreita, mas faz isso de forma sincera e intensa. Durante muito tempo, o autor destas linhas sentiu certo mal-estar com relação aos historiadores das religiões: às vezes eles pareciam fazer uma ideia monolítica de seu objeto, embora o pensamento não seja uma pedra, e atribuir à religião uma predominância efetiva sobre as outras práticas, tão grande quanto a importância que a religião tem teoricamente. Ainda que o cotidiano desminta essas nobres ilusões: por mais que a religião, a política ou a poesia sejam as coisas mais importantes deste mundo ou do outro, elas ocupam um lugar pequeno na prática e toleram tão mais facilmente se ver contrariadas quanto a contradição é em geral insensível a elas. Nem por isso são menos sinceras e intensas: a importância metafísica ou a sinceridade individual de uma verdade não é medida pela estreiteza de sua faixa de frequência; assim, falamos de verdades no plural e acreditamos que a história das religiões tem a ganhar com isso.

Ficamos mais à vontade para estudar as crenças, religiosas ou outras, quando compreendemos que a verdade é plural e analógica. Essa analogia do verdadeiro faz a heterogeneidade dos programas passar despercebida: continuamos dizendo a verdade quando, sem saber, mudamos de sintonia; nossa sinceridade é absoluta quando esquecemos os imperativos e os usos da verdade de cinco minutos atrás e adotamos os da nova verdade.

As diferentes verdades são todas verdadeiras para nós, mas não pensamos nelas com a mesma parte da cabeça. Em *Das Heilige*, Rudolf Otto analisa brevemente o medo de fantasmas. Precisamente: se pensássemos a respeito dos fantasmas com o mesmo espírito que nos faz pensar a respeito dos fatos físicos, não teríamos medo, ou ao menos não da mesma maneira; teríamos medo deles como teríamos de um revólver ou de um cão bravo, ao passo que o medo de fantasmas é medo diante da intrusão de um outro mundo. De minha parte, considero os fantasmas simples ficção, nem por isso deixo de experimentar sua verdade: tenho um medo quase neurótico de fantasmas, e os meses que passei organizando os papéis de um amigo falecido foram um longo pesadelo; no momento mesmo em que datilografo estas frases, um arrepio de terror começa a subir pela minha nuca. Nada me sossegaria mais do que saber que os fantasmas existem "realmente": eles seriam um fenômeno como outro qualquer, e seriam estudados com instrumentos adequados, câmera ou contador Geiger. É por isso que a ficção científica, longe de me assustar, me dá uma deliciosa segurança.

Isso é fenomenologia? Não, é história, e em dobro. Devemos a Husserl, em *Erfahrung und Urteil* [Experiência e juízo], uma descrição sugestiva daquilo que ele chama de mundo do imaginário: o tempo e o espaço dos contos não são os daquilo que ele chama de mundo da experiência real e, neste, a individuação permanece inacabada; Zeus é apenas uma figura de conto, sem verdadeiro registro civil, e seria absurdo se perguntar se ele seduziu Dânae antes ou depois de ter seduzido Leda.

Mas Husserl, de maneira muito clássica, considera que existe um solo trans-histórico de verdade. Ora, em primeiro lugar, é pouco histórico distinguir, da experiência, um mundo do imaginário cuja verdade seria não somente diferente, mas também menor; em segundo lugar, o número e a estrutura dos mundos experienciais ou imaginários não são uma constante antropológica, mas variam historicamente. De constante a verdade só tem a pretensão de sê-lo e essa pretensão é apenas formal; seu conteúdo de normas depende das sociedades ou, melhor, numa mesma sociedade há várias verdades que, por ser diferentes, são tão verdadeiras umas quanto as outras. O que quer dizer imaginário? O imaginário é a realidade dos outros, do mesmo modo que, segundo Raymond Aron, as ideologias são as ideias dos outros. "Imaginário" não é jargão de psicólogo ou antropólogo, ao contrário de "imagem", mas um julgamento dogmático sobre certas crenças de outrem. Ora, se nossa intenção não é dogmatizar a existência de Deus ou dos deuses, devemos nos limitar a constatar que os gregos consideravam seus deuses verdadeiros, embora esses deuses tenham existido para eles num espaço-tempo secretamente diferente daquele em que viviam seus fiéis; essa crença dos gregos não nos obriga a acreditar em seus deuses, mas ela diz muito sobre o que é a verdade para os homens.

Sartre dizia que imaginário é um *analogon* do real; poderíamos dizer que o imaginário é o nome que damos a certas verdades e que todas as verdades são analógicas entre si. Esses diferentes mundos de verdade são eles mesmos objetos históricos e não constantes da psique; Alfred Schutz tentou fazer uma lista filosófica desses diferentes mundos e o título de seus estudos, que podemos ler em seus *Collected Papers*, já dizem muito sobre o tema: "On multiple realities" e "Don Quixote and the problem of reality"; quando os lê, o historiador sente-se ligeiramente decepcionado: as realidades múltiplas que Schutz descobre na psique são aquelas em que acredita o nosso século, mas um pouco descoradas, um pouco vagas, o que lhes dá um ar de eternidade; essa fenomenologia é história contemporânea que ignora a si mesma, e seria em vão que procuraríamos nela um lugar para as crenças míticas dos gregos.

Schutz tem ao menos o mérito de afirmar a pluralidade de nossos mundos, o que os historiadores das religiões às vezes desconhecem. Consideremos outra dessas conversas fiadas que servem de ideologia entre os antigos: a divinização dos soberanos; os egípcios consideravam o faraó um deus, os greco-romanos divinizavam seus imperadores vivos ou mortos, e lembramos que Pausânias via apenas "vã bajulação" nessas apoteoses. Eles acreditavam realmente? Um fato mostra até onde vai nossa duplicidade com relação a nós mesmos: embora

Os gregos acreditavam em seus mitos?

os imperadores fossem deuses e os arqueólogos tenham encontrado dezenas de milhares de ex-votos dedicados aos diferentes deuses por causa de curas, retorno a salvo etc., não existe um único ex-voto consagrado a um imperador; quando os fiéis precisavam de um deus de verdade, eles não se dirigiam ao imperador. E, no entanto, provas não menos evidentes mostram que os mesmos fiéis consideravam o soberano uma figura mais que humana, uma espécie de mago, de taumaturgo.

É inútil teimar em querer decidir qual era "o" verdadeiro pensamento dessas pessoas, e não é menos inútil querer resolver esses pensamentos contraditórios atribuindo um à religião popular e outro à classe social privilegiada. Os fiéis não consideravam seu mestre todo-poderoso um homem comum, e a hipérbole oficial que transformava esse mortal num deus era verdadeira em espírito: ela correspondia à devoção filial desses indivíduos e, nas asas desse verbalismo, eles experimentavam com mais força ainda esse sentimento de dependência; contudo, a ausência de ex-votos prova que eles não tomavam a hipérbole ao pé da letra. Eles sabiam que seu mestre sublime era também um pobre homem, do mesmo modo que em Versalhes as pessoas adoravam o Grande Rei e falavam mal de seus mínimos gestos. G. Posener mostrou que, nos contos populares do antigo Egito, o faraó não passa de um potentado comum e às vezes até ridículo. Isso não impediu que, nesse mesmo Egito, intelectuais e teólogos elaborassem uma teologia faraônica em que o faraó não é divinizado por simples hipérbole ou deslocamento metonímico: essa doutrina foi "uma descoberta intelectual, fruto de raciocínios metafísicos e teológicos", diz François Daumas, que a qualifica, numa expressão contraditória e engenhosa, de realidade verbal; por que não? Os textos constitucionais dos séculos XIX e XX, a Declaração dos Direitos Humanos ou o marxismo oficial não são menos reais e menos verbais. Na Grécia e em Roma, em compensação, a divindade dos imperadores nunca foi objeto de uma doutrina oficial e o ceticismo de Pausânias era regra entre os intelectuais, ou entre os próprios imperadores, que às vezes eram os primeiros a rir de sua divindade.

Tudo isso é história, já que, imaginários ou não, mitos, apoteoses ou Declaração dos Direitos nem por isso foram menos forças históricas, e já que um mundo imaginário em que os deuses podem ser mortais e são machos ou fêmeas é datado: ele é anterior ao cristianismo. Também é história por uma terceira razão: porque essas verdades são apenas vestimenta de forças, são práticas, não luzes; quando os homens dependem de um homem todo-poderoso, eles o honram como homem e veem nele um simples mortal, segundo a óptica dos criados de quarto, mas honram-no também como seu mestre e veem-no, portanto, como um deus. A pluralidade das verdades, chocante para a lógica, é a consequência normal da pluralidade das forças.

O caniço pensante orgulha-se humildemente de opor sua fraca e pura verdade às forças brutas, embora essa verdade seja uma dessas forças; o pensamento pertence ao monismo infinitamente pluralizado da vontade de potência. Forças de todo tipo: poder político, autoridade dos profissionais do saber, socialização e adestramento. E porque é uma força, o pensamento não se distingue da prática como a alma se distingue do corpo: ele faz parte dela; Marx falou de ideologia para marcar bem que o pensamento era ação e não pura luz; porém, materialista às antigas, vinculou a alma ao corpo, em vez de distingui-los e manusear a prática em bloco; isso obrigou os historiadores a exercícios dialéticos (a alma reage sobre o corpo) para consertar a confusão.

A Verdade é balcanizada e bloqueada por forças. A adoração e o amor ao soberano são esforços impotentes para vencer a submissão: "como eu o amo, ele não quer meu mal". (Um amigo alemão me contou que seu pai votara em Hitler para se apaziguar: se eu voto nele, apesar de ser judeu, é porque no fundo ele pensa como eu). E se o imperador se fazia ou, mais frequentemente, se deixava adorar, isso servia como "informação de ameaça": como ele pode ser adorado, que ninguém se atreva a contestar sua autoridade. Os teólogos egípcios que elaboraram toda uma ideologia do rei-deus deviam ter algum interesse em fazer isso, nem que seja o de escrever um romance empolgante. No Antigo Regime, acreditava-se ou queria-se acreditar na bondade do rei, o mal vinha todo de seus ministros; senão, seria perder a esperança em tudo, porque não se podia ter esperança em depor o rei como se depõe um simples ministro. Como podemos ver, a causalidade continua ativa, mesmo entre os pretensos causados: o mestre não inculca uma ideologia no escravo, basta que se mostre mais poderoso que ele; o escravo fará o que puder para reagir, nem que seja inventando uma verdade imaginária. O escravo faz o que Leon Festinger, psicólogo instrutivo, porque nasceu esperto, chama de redução da dissonância.

Psicologia, com efeito, porque muitas vezes a contradição dos comportamentos se torna observável e trai o movimento das forças subjacentes; a consciência pesada e a má-fé afloram, ou a hipocrisia; a vida cotidiana está cheia disso, e toda uma psicologia anedótica nos permitirá esclarecer o caso rapidamente e no modo menor. Já que as forças são a verdade das verdades, sabemos apenas o que nos deixam saber: ignoramos sinceramente o que não temos o direito de conhecer. "Não confesse jamais", aconselhou Proust ao autor de *Corydon*; assim ninguém verá o que salta aos olhos, pois a justiça dos salões aceita apenas as confissões e reprova aquele que se institui como o inquisidor de seus pares. Os maridos traídos são cegos porque não têm o direito de suspeitar da esposa sem princípio de prova; só lhes resta ignorar, enquanto um fato não surgir debaixo de seu nariz. Mas eles ignoram demais: podemos ouvi-los se calar.

No *Tristão* do velho Béroul, há um episódio que dá o que pensar. Yseut abandona o rei Marc e foge com Tristão para a floresta. Três anos depois, os amantes acordam uma bela manhã sem sentir mais nada um pelo outro: o filtro do amor, que Béroul não acredita que tenha efeitos eternos, perdeu suas virtudes; Tristão decide que o mais sensato é que Yseut retorne para o marido. Ele a devolve a Marc, desafiando em duelo quem quer que ousasse afirmar que ele tivesse tocado em Yseut; ninguém ergueu a luva e a inocência da rainha foi incontestável. O que Béroul ou seu público pensava disso? Nada pode substituir aqui o texto e sua candura insondável. Béroul sente que, como amante ciumento, Marc sabia de tudo, mas, como marido e rei, ele não tinha o direito de saber. Tanto em Marc quanto em Béroul, esse conflito acontece na consciência ou, melhor, num nível logo abaixo da consciência, no qual sabemos muito bem de que não devemos ter consciência: maridos traídos ou pais cegos veem chegar de muito longe aquilo que não devem ver e o tom de voz furioso e angustiado com que se defendem não deixa nenhuma dúvida sobre essa lucidez que ignora a si mesma. Dessa cegueira até a má-fé e a verborragia dos salamaleques, todos os graus psicológicos são concebíveis; era assim também entre os gregos, em matéria de mito, desde Isócrates: Platão manifesta um estado de consciência desconfortável, quando diz no Livro VII das *Leis* que há duas razões para acreditar que as mulheres são aptas para a profissão das armas: "De um lado, confio num mito que se conta", o das amazonas, "e, de outro, sei (porque esta é a palavra) que atualmente" as mulheres da tribo dos sármatas praticam arco e flecha. Dito isso, as anedotas psicológicas são uma coisa e a imaginação constituinte é outra: apesar da consciência pesada ou, melhor, por causa dela, Platão não manda os mitos às favas, mas procura seu núcleo indubitável de verdade, já que esse era o programa a que estava preso, assim como todos os seus contemporâneos.

Ainda assim, sabemos (ou, o que dá no mesmo, acreditamos) apenas (n)o que temos direito de saber: a lucidez permanece prisioneira dessa relação de força, que se toma de bom grado por superioridade de competência. Daí certo número de casos de figura. Já vimos que é importante *saber que as opiniões são divididas* e isso leva à balcanização do cérebro; a menos que cultivemos o desrespeito como método heurístico, não podemos condenar com palavras aquilo em que muitos acreditam e, por conseguinte, não podemos condená-lo em pensamento: nós mesmos acreditamos um pouco. Não é menos importante *saber que podemos saber*; Raymond Ruyer escreveu em algum lugar que, para fabricar uma bomba atômica, os russos não tinham nenhuma necessidade de espionar os norte-americanos; bastava-lhes saber que era possível fabricá-la, e isso eles sabiam desde que souberam que os norte-americanos haviam fabricado uma. Toda a superioridade dos "herdeiros" culturais reside nisso; vemos o mesmo, por contraste, no caso dos autodidatas: o que é decisivo para eles não é que lhes indiquem bons livros, mas que esses livros lhes sejam indicados por autodidatas como eles; eles julgarão que conseguirão compreender esses livros, porque pessoas semelhantes a eles os compreenderam. Um herdeiro é alguém que sabe que não existem segredos: ele se presume capaz de fazer tanto quanto seus pais conseguiram fazer e, se existissem segredos, seus pais teriam tido acesso a eles. Pois é capital *saber que outros sabem* ou, ao contrário, saber que não há mais nada a saber e que não existe, fora do pequeno campo de conhecimentos que possuímos, um campo minado onde apenas outros mais competentes podem se aventurar; se acreditássemos que existem segredos que apenas outros conhecem, a pesquisa e a invenção ficariam paralisadas: não nos atreveríamos a dar um passo sozinhos.

Numa visão abençoada das coisas, a distribuição social do saber (ninguém sabe tudo e cada um se beneficia com a competência dos outros) leva a efeitos tão neutros e benéficos quanto a troca de bens no mercado completa os economistas; existe algo mais inocente, mais desinteressado do que o conhecimento da verdade? Ela é o contrário das relações brutais. É verdade que há competência e competência; dessa vez, no Livro IV das *Leis*, Platão opõe o saber servil do escravo do médico, que aplica sem compreender os procedimentos que seu mestre lhe ensinou, e a verdadeira competência do homem livre, do médico, que sabe o porquê desses procedimentos e, tendo feito estudos liberais, "conhece segundo a natureza". É bem verdade que os longos estudos de nossos engenheiros e médicos lhes permitem compreender a razão das técnicas que aplicarão e, consequentemente, talvez inventar outras; não é menos verdade, e talvez seja até mais verdade, que a verdadeira virtude desses estudos é lhes dar confiança em sua legitimidade: eles são mestres em suas áreas, têm o direito de falar e os outros têm apenas o direito de ouvir. Eles não são paralisados pela ideia de uma competência oficialmente superior.

Pausânias não conseguindo escapar de seu programa

Pausânias acredita nos mitos cultuais que ele conta em cada página? Quase no fim de sua obra, como bem nos lembramos, ele revela que, até aquele momento, considerara ingenuidade muitas das lendas que os gregos lhe contaram sobre os deuses; no entanto, ele as relatou, criticando-as às vezes, como sabemos, ou não, e esse segundo caso foi de longe o mais frequente. Ele aceitava tudo que não criticava e tinha uma alma crente ou era um espírito voltairiano que demolia alguns mitos para abalar todos os outros? Vamos retomar o estudo da "questão Pausânias", porque é complicado e, ao mesmo tempo, mostra a estreiteza do programa em que se debatiam os espíritos mais sinceros. Porque, na última parte de sua obra, Pausânias se debate.

Por uma questão de clareza, é melhor começar por um resumo de nossas conclusões. Pausânias tem certo racionalismo, mas não o nosso; no entanto, ora ele é um historiador que relata o que realmente existiu, ora é um filólogo cuja tarefa é relatar o que se diz. Sua crítica aos mitos, longe de ser voltairiana, prova que ele tinha uma ideia elevada dos deuses; assim, condenava em si mesmo, por devoção, a grande maioria das lendas que relatava. Contudo, sendo mais filólogo que historiador, ele as relata frequentemente sem julgar; mais ainda, entra no jogo e coloca-se na óptica mitográfica, à maneira dos historiadores da filosofia que veem e julgam tudo do ponto de vista do pensador estudado por eles, inclusive os detalhes mais ou menos coerentes da doutrina desse mesmo pensador. Quanto à história lendária, às genealogias, ele as narra fielmente, mas acredita apenas em suas grandes linhas; o que não passa por seu crivo é inteiramente comparável ao que Tucídides não deixava passar em sua *Arqueologia*; aliás, ele fica mais escandalizado com os absurdos sobre os deuses do que com as invenções genealógicas e etiológicas, que enganam apenas os que querem se encantar. Essa é sua atitude até o fim do Livro VII. Ele a mantém nos três últimos livros, depois de encontrar seu caminho de Damasco na Arcádia, mas a partir daí ele se pergunta se às vezes não há uma verdade alegórica ou mesmo literal nas lendas que primeiro o escandalizaram. Nada disso surpreenderá nossos leitores, mas, como Pausânias é um autor reservado, e tem certo humor, nem sempre é fácil deslindá-lo. Pausânias tem personalidade (bem mais do que um Estrabão, por exemplo).

Duas ou três vezes, ele abandona a pena;[175] "deixemos o mito de lado", escreve ele; recusando-se a contar a fábula da Medusa, dá duas versões racionais, mas não sabe qual delas deve escolher: Medusa foi uma rainha morta na guerra, Medusa foi uma besta monstruosa como se vê ainda no Saara, segundo o testemunho de um historiador cartaginense. Racionalização

---

175 Pausânias, II, 21, 5; cf. também I, 26, 6, e VII, 18, 7, 4. Encontramos outra interpretação "racionalista" de um mito em V, 1, 4: Endimião não foi amante da Lua, mas casou-se e teve filhos com uma princesa que são epônimos dos etólios e dos péones. Para Pausânias, isso é história; pois, como discípulo de Tucídides, ele acredita nas realezas dos tempos heroicos e nos ancestrais epônimos. Em II, 21, 1, Pausânias se recusa a discutir. Cf. também II, 17, 4.

política ou física dos mitos. Três ou quatro outras vezes, ele se diverte;[176] em Mantineia, um cervo, já muito velho, carrega uma coleira em que se lê: "Fui capturado por Agapenor quando ele partiu para a guerra de Troia"; isso prova que os cervos vivem mais tempo que os elefantes. O humor esconde certa exasperação[177] por ver que os helenos são tão ingênuos quanto os bárbaros. Ele acabará confessando[178] que as fábulas parecem depender de pura e simples ingenuidade e às vezes se nega a se comprometer:[179] "Repito o que dizem os gregos", escreve.

Mas, na grande maioria dos casos, ele se abstém de julgar: limita-se a relatar o que os gregos dizem, e esse era, desde muito tempo antes, um programa específico de verdade no qual Pausânias podia se abrigar, quaisquer que fossem seus sentimentos pessoais. Adivinhamos que programa era esse quando lemos o que Dionísio de Halicarnasso escreveu sobre os historiadores do século V em seu *Julgamento sobre Tucídides*:

> Eles têm apenas um objetivo, sempre o mesmo: levar ao conhecimento de todos os homens tudo o que puderam recolher, de fato, de recordações próprias das diferentes cidades e que foram conservadas pelas pessoas da região ou cujos monumentos foram consagrados nos santuários; eles não acrescentam nada e não suprimem nada; havia, entre essas recordações, mitos nos quais se acreditou ao longo dos séculos, assim como aventuras romanescas que hoje parecem bem pueris.

---

176 Pausânias, VIII, 10, 9; o mesmo humor em VIII, 10, 4; V, 13, 6; VI, 26, 2. Sobre esse último texto, cf. R. Demangel (*Revue Internationale des Droits de l'Antiquité*, II, p.226), colocando "a questão da boa-fé na devoção antiga" e admitindo que pode haver aí mistificações piedosas e, portanto, sinceras.
177 Pausânias, VI, 26, 2.
178 Ibid., VIII, 8, 3.
179 Ibid., VIII, 3, 6; na verdade, os gregos contam uma fábula – a de Zeus amante de Calisto – que é indigna da majestade dos deuses; não é menos pueril e mitológico acreditar que os deuses transformam seus amantes em astros.

Esses velhos historiadores não recolhiam as tradições locais sem acreditar nelas, como fazem nossos folcloristas; também não se abstinham de condená-las por respeito às crenças estrangeiras: eles as consideravam verdades, mas verdades que não pertenciam nem a eles nem a ninguém: elas pertenciam aos nativos da região; porque eles são os mais bem situados para saber a verdade sobre eles mesmos e, sobretudo, essa verdade sobre a cidade deles pertence a eles, do mesmo modo que a cidade à qual ela se refere. Trata-se de uma espécie de princípio de não ingerência nas verdades públicas dos outros.

Seis séculos depois, Pausânias ainda podia imitar a neutralidade desses historiadores, porque os mitos conservavam e conservarão sempre uma alta dignidade cultural. A fábula não era folclore, assim como as competições atléticas, em Olímpia ou outro lugar, não eram espetáculos feitos para as multidões:[180] eram costumes nacionais. Há muitas definições possíveis de folclore e uma delas não o carateriza por critérios internos, mas pelo fato de que é jogado fora do círculo de uma cultura que se considera a certa e a verdadeira. Pausânias não rejeita as tradições nacionais que eram os mitos. Ele também respeita sua

---

180 Pleket, Zur Soziologie des antiken Sports, *Mededelingen van het Nederlands Instituut te Rome*, XXXVI, p.57. Em plena época imperial, os atletas são frequentemente escolhidos na classe dos notáveis (cf. o estudo de Millar sobre Déxipo no *Journal of Roman Studies* de 1969) e, por isso, os esportes não são entregues unicamente à chamada cultura popular. Quando os cínicos ou Dion de Prusa ironizam as competições atléticas em suas diatribes, eles criticam a loucura e as paixões fúteis dos homens ou, melhor, dos gregos em geral, não manifestam desprezo por um divertimento que seria bom apenas para o povinho. Em Roma, a história era outra, ou, como mostra G. Ville em seu grande livro *La gladiature*, os espetáculos eram considerados coisa para o povo: Cícero ou Plínio, o Jovem, iam vê-los, mas dissimulando certo desprezo. Mas acontece que, em Roma, os protagonistas dos espetáculos, longe de pertencer à boa sociedade, eram reles saltimbancos, como mostra Ville. No entanto, diante do passado grego, Pausânias tem a atitude passadista que era comum na época; cf. E. L. Bowie, Greeks and their past in the Second Sophistic, *Past and Present*, XLVI, p.23.

especialidade, pois sua vocação é reunir as curiosidades de cada cidade, lendas e monumentos, e é de má vontade e com peso na consciência que ironizamos aquilo que estudamos. Assim, ele mergulha a pena no tinteiro desses autores e entra no jogo deles. Acontece com frequência de declarar que tal versão de uma lenda é mais provável que outra; devemos tomar cuidado para nem sempre acreditar que ele fala em nome próprio:[181] ele fala como filólogo, que se coloca na perspectiva do autor e aplica a ele seus critérios de autor.

À crítica racionalista dos mitos sucede uma crítica de coerência interna. Os habitantes de Feneu dizem que Ulisses, depois de perder seus cavalos, encontrou-os ao passar por lá e roubou de Poseidon uma estátua de bronze; é plausível acreditar na lenda, mas não na estátua, porque ainda não se sabia fundir o bronze na época de Ulisses.[182] Às vezes as duas críticas são justapostas. A lenda de Narciso, que morreu porque se apaixonou pelo próprio reflexo e deu origem à flor que leva seu nome, é "de uma completa ingenuidade", porque não é natural que um rapaz já feito não saiba ainda distinguir a realidade de seu reflexo e porque o narciso já existia muito antes dele: todos sabem que Core brincava com um narciso na pradaria onde Hades a surpreendeu e raptou.[183] Quando Pausânias aplica a um mito a necessidade de coerência interna à qual a realidade obedece, não poderíamos concluir que ele acredita na historicidade desse

---

181 Específico, porque acontece de Pausânias falar em seu nome quando declara que uma versão é preferível a outra; em IX, 20, 4, ele opõe a explicação correta dos tritões à explicação mítica (cf. nota 140); em VIII, 39, 2, Pausânias não diz por que é melhor acreditar que Fígalo é filho Licaão do que um nativo; a única explicação é que Pausânias acredita na genealogia dos reis da Arcádia (cf. VIII, 3, 1); de resto, ele declara expressamente que acredita na historicidade de Licaão (VIII, 2, 4). Como sabemos, a Arcádia foi o caminho de Damasco de Pausânias.
182 Pausânias, VIII, 14, 5-8; outro exemplo, VIII, 12, 9.
183 Ibid., IX, 31, 7-9.

mito: quantos filólogos, que não acreditam na historicidade de Trimalquião ou de Lady Macbeth, ainda assim confundem a realidade e a ficção e forçam Petrônio e Shakespeare a concorrer com o registro civil:[184] querem determinar em que estação do ano foi realizado o festim na casa de Trimalquião e resolver as contradições do texto, no qual aparecem frutas de várias estações; querem estabelecer quantos filhos exatamente teve Lady Macbeth. Pausânias não acredita na realidade de Hades e na historicidade do rapto de Core; vimos anteriormente que, segundo ele, "não se deve imaginar que os deuses têm uma morada debaixo da terra".

Pausânias, como filólogo, aceita tacitamente todas as lendas que ele não critica, mas, como homem, ele as rejeita. Calisto, amante de Zeus, não foi metamorfoseada em constelação, porque os árcades mostram seu túmulo: eis a exigência de coerência interna e é o filólogo quem fala; "repito aqui o que dizem os gregos", estipula antes de tudo: eis o homem que se manifesta e se distancia de uma lenda ímpia e ridícula; a conclusão, portanto, é que Zeus se limitou a dar o nome de Calisto à constelação: eis o historiador racionalista que se coloca às ordens do filólogo e dá uma interpretação crível a um mito do qual o homem não acredita na historicidade.[185] Pausânias tem um pensamento claro e um texto sutil.

É por devoção que Pausânias não acredita em quase nenhuma das lendas que recolhe fielmente; dissociemos a desmitologização

---

184 Remetemos ao estudo clássico de Knights, How many children had lady Macbeth?, in: _____, *Explorations*. Cf. Wellek e Warren, *La théorie littéraire*, p.35.
185 Pausânias, VIII, 3, 6-7; cf. nota 179. Fazendo ainda o jogo filológico da coerência interna, Pausânias conclui em outra parte que "a raça dos silenos" é mortal, já que se apontam túmulos de Sileno(s) em diversos lugares (VI, 24, 8); não é necessário dizer que Pausânias acredita tanto nos silenos quanto os contemporâneos de Carnéades acreditavam nas ninfas, nos Pãs e nos sátiros (Cícero, *De natura deorum*, III, 17, 43).

e a irreligião. Naquela época, a descrença não se reconhecia na crítica dos mitos, mas na dos oráculos: Cícero, Enomau e Diogenianos[186] certamente não são almas devotas; ridicularizando os oráculos, não pretendiam nem por um instante desculpar os deuses. Pausânias acredita nos deuses e até em seus milagres: a "epifania" da divindade em Delfos, por ocasião da invasão gálata, é um fato indubitável para ele.[187]

A pequena revolução que ocorreu em Pausânias durante suas investigações sobre as antiguidades árcades consistiu em se dar conta de que certas lendas, longe de caluniar os deuses, podiam ter um sentido elevado.[188] Já acontecera de ele aderir à interpretação "física" dos deuses (como se dizia); visitando o santuário de Aigio, conheceu um fenício que lhe disse que Asclépio era o ar e Apolo o sol, porque ar e sol proporcionam saúde,[189] e ele concordou. Mas, estudando a Arcádia, cogita ainda a possibilidade de uma exegese alegórica, já que os sábios de antigamente "tinham o costume de falar por enigmas"; a história singular que os árcades contam de Reia dando um potro a Cronos para enganá-lo e assim salvar Poseidon de seu pai ogro não deve ser uma tolice:[190] ela tem algum sentido profundo,

---

186 Cícero nega tanto os oráculos quanto a "adivinhação natural" (*De divinatione*, II, 56, 115); Enomau pode ser lido no livro II da *Preparação evangélica*, de Eusébio; cf. Vallette, *De Oenomao Cynico*; Diogenianos pode ser lido nos livros II e V de Eusébio. Plotino, ao contrário, acredita nos oráculos (*Enéadas*, II, 9, 9, 41).

187 Em VIII, 10, 9, Pausânias se pergunta seriamente sobre a intervenção de um deus numa guerra e invoca o precedente indiscutível do oráculo de Delfos protegido por um milagre; de fato (Pausânias, X, 23), os gálatas ficaram aterrorizados com uma tempestade, um terremoto e um ataque de pânico coletivo. Sobre as "epifanias" que protegem um santuário, cf. Roussel, *Un miracle de Zeus Panamaros*, *Bulletin de Correspondance Hellénique*, LV, p.70; e a quarta seção da Crônica de Lindos.

188 Pausânias, VIII, 8, 3; cf. nota 19.

189 Ibid., VII, 23, 7-8.

190 Ibid., VIII, 8, 3.

físico ou talvez teológico. Esse foi o primeiro passo: deixar de se prender à letra dos mitos.[191] O segundo foi mais impressionante: renunciar ao princípio das coisas atuais e admitir que nos tempos míticos as condições podem ter sido diferentes das nossas. Uma lenda árcade dizia que Licáon, por ter sacrificado um bebê a Zeus, foi transformado em lobo; "e essa narrativa me convenceu", escreve Pausânias, "porque os árcades o contam há muito tempo e ele tem verossimilhança. De fato, os homens daquela época eram anfitriões dos deuses e compartilham as refeições com eles, em virtude de sua justiça ou devoção;[192] a recompensa ou a ira vinha-lhes inequivocamente dos deuses, conforme eram bons ou injustos"; de modo que se viram, nesses tempos distantes, homens elevados ao nível dos deuses. Por que não? Epicuro,[193] espírito pouco supersticioso e convencido de que o mundo não datava da véspera e ainda estava em plena arrumação (é apenas nesse sentido que ele acredita no "progresso"), concluiu que em poucos séculos o mundo passara por transformações consideráveis; portanto, admitia que os homens de antigamente, mais vigorosos que os de então, tinham olhos suficientemente bons para perceber os deuses à luz do dia, ao passo que nós só conseguimos captar as emissões de seus átomos pelos sonhos.

Como podemos ver, o próprio Pausânias coloca expressamente sua evolução em relação com o que aprendeu na Arcádia e

---

191 Por exemplo, para Salústio (*De diis et mundo*, 4), no sentido dos físicos, Cronos é Crono, o tempo que devora seus próprios instantes; no sentido dos teólogos, Cronos devorando os próprios filhos é um "enigma" que significa que a Inteligência se confunde com o Inteligível, isto é, com seus próprios objetos; para Plotino, Cronos era a Inteligência. Pausânias pode ter sido ouvinte de meios platônicos ou estoicos, que eram grandes alegoristas.
192 Pausânias, VIII, 2, 3-4.
193 Lucrécio, V, 1170. Poucas ideias são mais estranhas ao neoplatonismo, que ignora a historicidade.

dá crédito à lenda de Licáon porque a tradição é muito antiga;[194] não é uma dessas imaginações que recobrem posteriormente a verdade original. Devemos lembrar, em primeiro lugar, que Pausânias não é supersticioso, mas não é sem religião; além disso, passando por cima de três ou quatro séculos de mitologia que se tornara escolar, ele retomou o contato – livresco, mas não banal – com a vida local das lendas desconhecidas; Pausânias é um rato de biblioteca e os livros antigos atiçam sua imaginação. A Arcádia também: essa terra primitiva, pobre, tão pouco idílica, já estimulara a imaginação de Calímaco com seu arcaísmo, e seus costumes e crenças pareciam não ter se alterado em nada. Pausânias é muito sensível ao arcaísmo, que aproxima da verdade. Temos uma prova curiosa disso; desde as suas obras de juventude sobre Atenas, Pausânias[195] dava muito

---

194 Pausânias, VIII, 2, 6-7. Sobre a Arcádia como a região que conservava a civilização mais antiga, lembramos que Calímaco escreveu uma *Arcádia* e situa lá a cena de seu hino a Zeus. Os árcades impressionavam por sua devoção (Políbio, IV, 20) e pobreza virtuosa: os cidadãos livres, os chefes de família, trabalhavam com suas próprias mãos, em vez comandar servos (Políbio, IV, 21). Os árcades comeram bolotas, o primeiro alimento da humanidade, por mais tempo que todos os outros gregos (Galeno, op. cit., v.6, p.621 Kühn). O tema é revelador. Os árcades não são um povo atrasado: eles conservaram um estado antigo; esse estado permaneceu intacto, não foi alterado. O fato de que as tradições árcades sejam muito antigas não significa que remontem a um passado mais distante do que as outras, mas antes que essas tradições levam sem alteração a um passado cuja lembrança, entre outros povos, foi corrompido e interpelado; em outras palavras, as tradições árcades nos devolvem um estado autêntico. As duas ideias de Pausânias são que, muito frequentemente, o passado transmitido pela tradição é pouco a pouco recoberto por falsas lendas (mas não no caso da Arcádia) e também que se pode reconstituir o passado a partir dos vestígios que permanecem no presente; o passado se encontra no presente: esse já é o princípio que Tucídides aplica em sua *Arqueologia*.
195 Pausânias, VIII, 35, 8; esse Panfo é mais antigo que Homero (VIII, 37, 9) e apenas Olen é mais antigo que ele (IX, 27, 2). Devemos dizer que Pausânias fez investigações particulares sobre a época em que Homero viveu, mas desistiu de publicar suas conclusões por causa do dogmatismo que imperava entre os especialistas da poesia homérica (IX, 30, 5).

valor aos hinos de um certo Panfo, que os modernos situam na época helenística e Pausânias acreditava ser mais antigo que o próprio Homero; ele acredita que foi com os árcades que Panfo se informou. Em resumo, cansado da tolice de tantos mitos, mas não podendo supor, como bom grego que era, que fosse possível mentir do princípio ao fim, Pausânias acabou admitindo ora que os mitos diziam a verdade por meio de alegorias e enigmas, ora que diziam a verdade ao pé da letra, sendo tão antigos que não se podia suspeitar que tivessem sido deformados pela mentira. Revolução espiritual? Não sei; mas evolução absolutamente lógica, com toda a certeza.

Evolução que segue a linha do pensamento grego desde Tucídides e Platão; tanto em sua devoção quanto em suas preocupações, Pausânias é clássico e não há nada nele que nos faça prever o neoplatonismo e a religiosidade futura. Nem por isso ele é um autor fácil, e devo confessar minhas dúvidas ao leitor: ainda que seja possível desenredar os fios da complicada trama tecida por nosso autor, é difícil determinar nos detalhes se ele fala por si ou apenas como filólogo. Os árcades – sim, os árcades – contam que o combate dos deuses e dos gigantes aconteceu na terra deles, às margens do Alfeu; será que ele acredita nessas fábulas sobre gigantes das quais nem Xenófanes queria mais ouvir falar? Ele alega argumentos tirados da história natural, discute longamente;[196] entra no jogo ou acredita realmente nelas? Desisto de chegar a uma conclusão. Em outra ocasião,[197] em Queroneia, mostram-lhe o cetro de Agamenon, forjado por Hefesto em pessoa, como conta a *Ilíada*; ele discute longamente essa relíquia, elimina outras supostas obras de Hefesto por critérios de datação estilística e conclui: "As verossimilhanças são a favor de que apenas esse cetro seja obra de Hefesto". Se essa passagem não pertencesse ao Livro IX, veríamos nela uma atitude de filólogo

---

196 Pausânias, VIII, 29, 1-4. Sobre Xenófanes, cf. nota 50.
197 Ibid., IX, 40, 11 a 41, 5.

que finge acreditar em tudo, mas com uma pitada de humor; no entanto, como Pausânias disse no Livro VIII que naqueles séculos antigos os deuses se misturavam aos homens, não sei o que pensar. Assim como não sei o que pensar num terceiro caso:[198] a genealogia dos reis da Arcádia; porque, quando fala de história, Pausânias tem a mesma sinceridade e a mesma malícia do que quando fala das lendas religiosas. Temos de decidir e confessar que ele faz de propósito: esse grego, considerado um compilador, um Baedeker, acha divertido nos deixar na dúvida, como Valéry ou o falecido Jean Paulhan. Melhor dizendo: como Calímaco, porque o humor alexandrino era isso.

Pausânias historiador: o método é o mesmo dos mitos religiosos, e nossas dúvidas são às vezes as mesmas (a genealogia dos reis da Arcádia...); ele endossa outra ladainha, a dos reis da Acaia? Em religião, ele acredita nas divindades, mas não na mitologia, e, em história, acredita na autenticidade global dos tempos heroicos. Contudo, a globalidade de Pausânias não é a nossa: é a de Tucídides, quando este diz que Heleno deu seu nome aos helenos e Atreu, que era tio de Euristeu, bajulava o povo e se tornou rei; o que é autêntico são os personagens principais e os fatos de ordem política. E os nomes próprios.

Existe um trecho, na verdade, em que acreditamos discernir finalmente o que pensa Pausânias e devemos citá-lo[199] para resolver logo a questão:

> A etnia dos beócios extrai como tal seu nome de Boioto, *que dizem* ser filho de Itono e da ninfa Melanipe, e neto de Anfictião; se considerarmos os nomes das diferentes cidades dos beócios, estes os extraem de homens e, sobretudo, de mulheres. Os habitantes de Plateias, em compensação, são, *parece-me*, de origem autóctone; o nome vem de Plateia, que *julgam* ser filha do rio Asopo. *Está*

---

198 Cf. nota 152; não o desenvolvo por receio de cansar o leitor.
199 Pausânias, IX, 1, 1-2.

claro que, na verdade, eles também tiveram reis primitivamente: o regime monárquico era geral na Grécia; mas, reis, os habitantes de Plateias não os *conhecem*, salvo Asopo e, antes ainda, Citéron; *eles dizem* que o segundo deu seu nome à montanha e o primeiro ao rio. *Acredito*, de minha parte, que Platéa, de quem a cidade extrai seu nome, era filha do rei Asopo e não do rio Asopo.

Se querem saber o passado de uma cidade, os historiadores perguntam aos nativos, esperando que tenham conservado uma lembrança detalhada, e não veem razão para duvidar dessas lembranças, exceto puerilidades, ninfas e rios pais, que eles corrigem sem dificuldade. Tito Lívio não duvidava da autenticidade da lista dos reis de Roma (duvidava apenas das fábulas de beatas de antes de Rômulo); por que Pausânias teria duvidado das listas reais da Arcádia ou mesmo da Acaia?

Algumas outras verdades: a do falsário, a do filólogo

Não, ele não duvidava dessas listas imaginárias, que tapeavam tanta gente, a começar pelo próprio inventor. Essa historiografia de falsários sinceros é tão estranha que devemos nos deter nela: vamos ver que, se nos aprofundamos nesse problema do falsário, torna-se impossível distinguir entre o imaginário e o real. De todos os pensamentos bizarros que passamos em revista desde o início deste livro, e que compõem o que se convencionou chamar de Razão helênica, o mais esquisito é, sem dúvida, este, em que a ficção atinge sua materialidade mais bruta; como decidir que um rei se chamava Ampicus? Por que esse nome e não um milhão de outros? Existiu, então, um programa de verdade em que se admitia que alguém, Hesíodo ou outro, dizia a verdade quando desfiava os nomes próprios que lhe passavam pela cabeça ou os delírios mais insanos, à maneira de um Swedenborg. Nesse tipo de gente, a imaginação psicológica é fonte de veracidade.

Essa atitude, normal no fundador de uma religião, não é incompreensível num historiador. Os historiadores são apenas profetas às avessas, e eles enriquecem e reavivam à custa de imaginação suas predições *post eventum*; isso se chama retrodição histórica ou "síntese", e essa faculdade imaginativa é autora de três quartos de toda a história – o último quarto vêm dos documentos. E não só. A história também é um romance, com fatos e nomes próprios, e vimos que acreditamos que é verdade tudo que lemos, enquanto lemos; só depois é que o consideramos ficção e, para fazermos isso, ainda temos de pertencer a uma sociedade em que exista a ideia de ficção. Por que um historiador não inventaria o nome de seus heróis? O romancista inventa. Nem um nem outro inventam, rigorosamente falando: eles descobrem na cabeça deles um nome no qual não estavam pensando. O mitógrafo que inventou a lista dos reis da Arcádia descobriu dentro dele uma realidade estrangeira, que ele não pôs ali deliberadamente e que não estava ali antes; ele estava naquele estado de espírito em que se encontra o romancista quando "as personagens saem dele". Ele podia se entregar a essa realidade, já que na época não se tinha o costume de perguntar aos historiadores: "De onde você sabe isso?".

Quanto ao leitor... Ele pode esperar prazer ou informação de uma narrativa; a própria narrativa pode se apresentar como verídica ou fictícia e, no primeiro caso, ele pode acreditar nela ou considerá-la mentira de falsário; a *Ilíada* se apresentava em grande parte como histórica, mas, como os leitores esperavam divertimento, o poeta podia acrescentar invenções suas, em meio a uma indiferença generalizada. Em compensação, os leitores de Castor, inventivo historiador da longa série de reis lendários de Argos, liam-no para se informar e acreditavam em tudo, em vez de se deixar levar pelo prazer, que não é verdadeiro nem falso. Mas, justamente, a própria fronteira entre a informação e o divertimento é convencional e outras sociedades diferentes da nossa praticaram ciências divertidas; a mitologia, como parte da "gramática" ou erudição, era uma dessas ciências entre os antigos. As pessoas se deleitavam com os assombros da erudição, as delícias do diletantismo; quando um pai de aluno, fino literato, fazia perguntas difíceis ao gramático de seu filho, como "o nome da ama de Anquises ou da madrasta de Anquémolo", como diz Juvenal, ele não estava nem um pouco preocupado com a historicidade deles. Mesmo entre nós, o prazer da história como equivalente do romance policial existe e a estranha obra de Carcopino, com seus ares universitários, pertence muito mais à história de ficção, a começar por seu livro sobre Virgílio e Óstia.

Para dizer a verdade, o problema é distinguir a história de ficção da história que se pretende séria. Podemos julgá-las por sua verdade? O sábio mais consciencioso pode se enganar e, sobretudo, ficção não é erro. Pelo rigor? Ele também é grande num falsário, cuja imaginação obedece sem saber aos ditames de um programa de verdade tão determinado quanto o que seguem sem saber os historiadores considerados sérios; aliás, às vezes o programa é o mesmo. Pelos processos psíquicos? São os mesmos; a invenção científica não é uma faculdade da alma apenas, ela é o mesmo que a invenção *tout court*. Pelos critérios da sociedade a que pertence o historiador? É aqui que a porca torce o rabo; o que é conforme ao programa de verdade de uma sociedade será visto como impostura ou elucubração em outra. O falsário é um homem que errou de século.

No dia em que Jacopo de Varazze, conhecido sobretudo como autor da *Legenda áurea*, descobriu em sua imaginação as origens troianas da cidade de Gênova, no dia em que um precedessor de Frédégaire encontrou na sua as origens da monarquia franca, eles não fizeram nada mais do que o razoável: formularam julgamentos sintéticos sobre o *a priori* de um programa da época deles. Vimos que todo grande império era fundado pelos descendentes de Eneias, nesse caso Francion, e que todas as regiões tiravam seu nome de um homem, nesse caso a *Francia*. Restava explicar como esse filho de Eneias foi parar na costa da Frísia, *habitat* original dos francos; a resposta de Frédégaire não é mais hipotética e menos embasada em indícios sérios do que nossas hipóteses sobre a origem dos etruscos ou os séculos obscuros de Roma.

Cada coisa a seu tempo, porém. Os antigos genealogistas puderam inventar nomes de deuses ou de antigos reis: todos compreenderam que mitos não captados até então haviam chegado até eles; mas em 1743 um êmulo napolitano de Vasari inventou de cabo a rabo existência, nome e datas de artistas da Itália meridional e, quando a falsificação foi descoberta, 150 anos depois, ele passou por mitomaníaco. Porque, por volta de 1890, a história da arte tinha outros programas, que hoje são considerados acadêmicos demais e sem validade.

Devemos distinguir, portanto, os pretensos falsários, que fazem apenas o que seus contemporâneos acham normal, mas divertem a posteridade, e os falsários que são falsários para seus contemporâneos. Para tirar nossos exemplos de animais de pequeno porte, digamos que esse segundo caso é o de uma figura da qual é melhor rir do que chorar, ainda mais que ela nunca existiu e as provas são todas questionáveis: um impostor tomou seu lugar nos tribunais, seus livros foram escritos por outros e as pretensas testemunhas oculares de sua existência eram ou parciais ou vítimas de uma alucinação coletiva; quando sabemos que ela não existiu, abrimos os olhos e vemos que, por consequência, as pretensas provas de sua realidade são falsas: bastava não ter ideias preconcebidas. Esse ser mítico se chamava Faurisson. Se acreditarmos no que diz a lenda, depois de ter elucubrado obscuramente sobre Rimbaud e Lautréamont, ele ganhou certa notoriedade por volta de 1980, afirmando que Auschwitz não existiu. Ele foi xingado. Protesto que o pobre homem quase teve a sua verdade. Ele tinha semelhanças com uma variedade de iluminados com que os historiadores dos dois últimos séculos esbarram às vezes: anticlericais que negam a historicidade de Cristo (o que tem o dom de exasperar o ateu que sou), miolos moles que negam a de Sócrates, Joana d'Arc, Shakespeare ou Molière, empolgam-se com Atlântida ou descobrem monumentos construídos por extraterrestres na Ilha de Páscoa. Em outro milênio, Faurisson teria feito uma bela carreira de mitólogo ou, três séculos atrás, de astrólogo; certa estreiteza de personalidade ou criatividade impediu que fosse psicanalista. Ele também desejava a glória, como o autor destas linhas e como toda alma bem-nascida. Infelizmente, houve um mal-entendido entre ele e seus admiradores; estes não sabiam que, a verdade sendo plural (como nos gabamos de ter estabelecido), Faurisson estava mais para a verdade mítica do que para a verdade histórica; a verdade sendo também analógica, esses leitores acreditavam estar, com Faurisson, no mesmo programa que estavam com os outros livros sobre Auschwitz e, candidamente, opunham o livro dele a esses livros; Faurisson facilitava a letargia de seus leitores imitando o método desses livros, eventualmente por meio de operações que, no jargão dos historiadores movidos a controvérsia, são chamadas de falsificação da verdade histórica.

O único erro de Faurisson foi ter se colocado no terreno de seus adversários: em vez de afirmar de cara, como o historiador Castor, ele quis debater; ora, com seu delírio sistemático de interpretação, ele punha tudo em dúvida, mas unilateralmente: era dar corda para se enforcar. Ou ele acreditava nas câmaras de gás, ou duvidava de tudo, como aqueles taoistas que se perguntavam se não eram borboletas sonhando que eram homens e que existiam câmaras de gás... Mas Faurisson queria ter razão contra seus adversários e como eles: a dúvida hiperbólica sobre todo o universo não resolvia o seu problema.

Deixemos esse homem pequeno com suas pequenas obsessões: o paradoxo do falsário (sempre se é falsário de outro programa) está muito acima dele. Esse paradoxo exige que se distinga entre o erro, que o Grande Século imputava à imaginação psicológica, e a errância histórica da verdade, ou do que a imaginação constituinte coloca como verdade. Distinguir entre o falsário que abusa de seu programa e o estrangeiro que usa um outro programa; Hesíodo não foi um falsário quando descobriu em sua cabeça os nomes das filhas do mar. Persiste, através dos sucessivos programas, um núcleo de fatos adquiridos que poderiam ser objeto de um progresso acumulativo?

A discussão dos fatos ocorre sempre no interior de um programa. É claro que tudo pode acontecer, e um dia talvez se descubra que os textos gregos são uma falsificação inventada do começo ao fim por eruditos do século XVI. Mas essa dúvida hiperbólica, de mão única em Faurisson, essa possibilidade jamais isenta de erro, são uma coisa: o ceticismo a seco não se confunde com o reconhecimento de que nenhum programa se impõe; ainda se acreditava no Dilúvio há um século e meio, e há quinze nos mitos.

É claro que a existência ou a não existência de Teseu e das câmaras de gás, num ponto do espaço e do tempo, tem uma realidade material que não deve nada a nossa imaginação. Mas essa realidade ou irrealidade é percebida ou ignorada, é interpretada dessa ou daquela maneira, conforme o programa vigente; ela não se impõe sozinha, as coisas não saltam aos nossos olhos. Acontece o mesmo com os programas: um bom programa não emerge naturalmente. Não existe verdade das coisas e a verdade não é imanente a nós.

Para negar o mito ou o Dilúvio, não basta um estudo mais atento ou um método melhor: é preciso mudar o programa; não se reconstrói o que foi mal construído: muda-se de lugar. A *matter of facts* só pode ser conhecida numa interpretação. Não quero dizer que os fatos não existem: a materialidade existe, é em ato, mas, como dizia o velho Duns Scot, ela não é ato de nada. A materialidade das câmaras de gás não acarreta o conhecimento que se pode ter delas. Distintas em si mesmas, *matter of facts* e interpretação são sempre vinculadas por nós, como aqueles referendos em que De Gaulle pedia aos votantes uma única resposta para duas perguntas diferentes.

Em outras palavras, aos erros de um certo programa, e em relação a ele, à maneira de Faurisson ou Carcopino, acrescenta-se

Os gregos acreditavam em seus mitos?

a errância de todos os programas: não se pode distinguir entre a Imaginação e as imaginações. Segundo as palavras de Heidegger nos *Holzwege*, "a reserva do sendo pode ser negação ou apenas dissimulação", errância ou erro; "jamais temos a certeza direta de saber se ela é uma ou se ela é outra". Sabemos como Heidegger impôs ao nosso século a ideia de que os sendos permanecem em sua reserva; aparecem apenas numa clareira, e em todas as vezes acreditamos que essa clareira não tem limites: os sendos existem para nós no modo do que salta aos olhos. Poderíamos ver essa clareira como um pleno, dizer que não há floresta em torno, que não existe nada fora daquilo que nossa imaginação constitui; que nossos programas, longe de ser limitados, são suplementos que acrescentamos ao ser. Mas Heidegger pensa, ao contrário, que a clareira não é tudo; tanto que acaba encontrando um fundo de verdade, e até verdade às vezes bem gasta, que atiçaria a imaginação dos historiadores, e não só deles ("uma maneira como a verdade desenvolve sua presença é a instauração de um Estado"). Suspeitamos que um pouco de crítica histórica e sociológica valem mais do que muita ontologia.

Um falsário é um peixe que, por razões de caráter, não entrou no aquário certo; sua imaginação científica segue métodos que não estão mais no programa. Acredito de bom grado que esse programa seja frequentemente, se não sempre, tão imaginário quanto o do falsário. Mas vemos que existem dois tipos de imaginação: uma decreta os programas e a outra serve para executá-los. Esta última, que é a bem conhecida faculdade psicológica, é intra-histórica. A primeira, ou imaginação constituinte, não é um pendor para a invenção que residiria nos indivíduos: é uma espécie de espírito objetivo no qual os indivíduos se socializam. Ela constitui as paredes de cada aquário, que são imaginárias, arbitrárias, pois mil paredes diferentes foram e serão erguidas ao longo dos séculos. Portanto, ela não é trans--histórica, mas antes inter-histórica. Tudo isso nos priva do meio de distinguir radicalmente as obras culturais que se pretendiam verdadeiras e os puros produtos da imaginação. Voltaremos a essa questão, mas antes vamos contar o breve epílogo da nossa intriga.

O que permitiu o nascimento da ciência histórica como a imaginaram os modernos não foi a distinção das fontes primárias e secundárias (elas foram distinguidas muito cedo e essa distinção não é uma panaceia); foi a distinção das fontes e da realidade, dos historiadores e dos próprios fatos históricos. Ora, depois da época de Pausânias, elas se confundiram cada vez mais e, por um longo período, até Bossuet, que ainda estabelecia um sincronismo entre Abimelec e Hércules, porque ele repetia o que dissera a *Crônica* de Eusébio. É com essa nova maneira de acreditar nos mitos que concluiremos.

As relações entre o gênero histórico e o que chamamos durante muito tempo de gramática ou filologia não são simples. A história quer conhecer "o que se passou realmente", *was eigentlich geschehen ist* (dizia Ranke);[200] a filologia, ao contrário, é pensamento do pensamento, conhecimento do conhecido, *Erkenntnis des Erkannten* (dizia Boeckh).[201]

Muitas vezes o conhecimento do que se passou é apenas um meio de explicar um texto clássico, nobre objeto do qual a história é só o referente; é o que acontece quando a história da República romana serve apenas para compreender melhor Cícero. Muito frequentemente, os dois objetos se confundem; o que se chamava outrora "história literária" (isto é, história conhecida por intermédio da literatura), e que hoje se chama humanismo, visa Cícero pelos acontecimentos do último século da República e visa a história do século pelos incontáveis detalhes contidos na obra de Cícero.[202] Quanto à atitude inversa, ela

---

200 Momigliano lembrou que essa frase clássica de Ranke é, na realidade, de Luciano (*Como se deve escrever a história*, 39).
201 Boeckh, *Enzyklopädie und Methodenlehre der philologischen, Wissenschaften*, v.1.
202 Riffaterre, *La production du texte*, p.176: "Todo o esforço da filologia foi para reconstituir realidades desaparecidas, por receio de que poema morra com seu referente".

é mais rara, mas existe; consiste em utilizar um texto para ilustrar a realidade a que ele se refere e que continua a ser, para o filólogo historiador, o objetivo principal. Essa é a atitude de um Estrabão; sabemos que Estrabão era cegamente apaixonado por Homero, a exemplo de seu mestre Crisipo; tanto que o Livro VIII da sua *Geografia*, que contém a descrição da Grécia, trata sobretudo de identificar os nomes dos lugares que podem ser lidos em Homero. Estrabão visava compreender melhor o texto de Homero ou, ao contrário, realçar o brilho das diferentes cidades, dando-lhes uma referência homérica? A segunda alternativa é a única correta, senão esta frase seria incompreensível: "Seria difícil dizer onde se encontravam Ripe, Estrátia e a ventosa Enispe, de que fala o poeta, e, se descobríssemos, não serviria para nada, porque essa região é hoje inabitada".[203]

Mas existe também uma terceira atitude, muito difundida, que nem mesmo distingue entre a realidade e o texto que fala dela; é a de Eusébio, pelo qual a história mítica, tal como a encontramos num Pausânias, chegou até Bossuet.

Não que Eusébio seja incapaz de distinguir um acontecimento de um texto! Mas, para ele, as fontes fazem parte da história; ser historiador é relatar a história e é também relatar os historiadores. Não é o que faz a maioria dos nossos filósofos e psicanalistas em suas áreas respectivas? Ser filósofo, no mais das vezes, é ser historiador da filosofia; saber filosofia é saber o que os diferentes filósofos acreditaram saber; saber o que é o complexo de Édipo consiste, antes de tudo, em saber ou comentar o que Freud disse sobre ele.

Mais precisamente, nessa indistinção entre o livro e as coisas de que trata o livro, ora a ênfase recai nas coisas, ora no próprio

---

[203] Estrabão, VIII, 8, 2, C. 388. Citamos mais genericamente Estrabão, VIII, 3, 3, C. 337: "Comparo o estado atual dos lugares com o que diz Homero; isso é necessário: tão ilustre e familiar é o poeta; meus leitores julgarão que cumpri meu propósito somente se nada contradisser o que diz de sua parte esse poeta em quem temos tão grande confiança".

livro. O primeiro caso é o de todo texto considerado revelado ou revelador: comentar Aristóteles, Marx ou o *Digeste*, aprofundar o texto, supor coerência, dar previamente a ele a interpretação mais inteligente ou a mais *aggiornata* possível é presumir que o texto tem a profundidade e a coerência da própria realidade. Consequentemente, aprofundar o texto será a mesma coisa que aprofundar a realidade;[204] o texto será chamado de profundo porque será impossível escavar além do que o autor escreveu: o que se cava se confunde com as próprias coisas. Mas a ênfase também pode recair no livro, tomado como objeto de superstição corporativa. Essa atitude era a que a Antiguidade atribuía a seus filólogos, que eram chamados de gramáticos. Essa atitude não se limitava a ver os textos como clássicos cujas afirmações, verdadeiras ou falsas, é importante conhecer em todo caso: o que o livro dizia era considerado autêntico. Assim, acontecia de o gramático apresentar como verdadeiras lendas nas quais, como homem, ele não acreditava; contavam[205] que o maior erudito da Antiguidade, Dídimo, que escrevera mais livros do que conseguia se lembrar, indignou--se certa vez com uma anedota histórica que lhe contaram e que, segundo ele, baseava-se em nada; tornou-se mais crédulo quando lhe mostraram uma de suas próprias obras, na qual a história era apresentada como verdadeira.

Atitude diferente daquela do mito, em que uma palavra sozinha fala como se tivesse autoridade. Diferente também da de

---

204 Hadot, Philosophie, exégèse et contresens. In: XIV Congrès International de Philosophie, *Actes*, p.335-7.
205 A anedota está em Quintiliano, I, 8, 21. Sobre tudo isso, cf. Foucault, *Les mots et les choses*, p.55 e 141, sobre as ciências do século XVI: "A grande tripartição, tão simples na aparência, da observação, do testemunho e da fábula, não existia [...] Quando se tem de fazer a história de um animal, é inútil e impossível escolher entre a profissão de naturalista e a de compilador: é preciso recolher em uma única e mesma forma de saber tudo que foi visto e ouvido, tudo que foi contado". Para sermos breves, limitamo-nos a remeter o leitor a Quintiliano, *Institutio oratoria*, I, 8, 18-21.

um Tucídides, um Políbio, um Pausânias: eles, assim como nossos *repórteres*, não citam suas fontes e parecem querer que se acredite na palavra deles, porque escrevem mais para o público do que para seus confrades. Eusébio também não cita suas fontes: ele as transcreve; não que acredite na palavra delas, e menos ainda que anuncie a história "verdadeiramente científica": é porque o que está escrito faz parte das coisas que se deve conhecer; Eusébio não distingue entre saber as coisas e saber o que está nos livros. Ele confunde história e gramática[206] e, se acreditamos no progresso, temos de dizer que seu método é um retrocesso.

Semelhante atitude, em que se trata de saber o que se sabe, era propícia a se tornar o conservatório dos mitos. Um belo exemplo seria a *História natural*, de Plínio. Encontramos ali[207] uma lista das grandes invenções: a teoria dos ventos se deve a Éolo, a invenção das torres "aos ciclopes, segundo Aristóteles", a botânica a Quíron, filho de Saturno, a astronomia a Atlas e o trigo a Ceres, "que, por isso, julgaram uma deusa". Como

---

206 Puech, *Histoire de la littérature grecque chrétienne*, v.3, p.181: "A história geral aparece em Eusébio por meio da história literária". Por história literária, Puech entende, no sentido antigo da expressão, a história contada por meio da literatura que foi conservada pela memória.

207 Plínio, *História natural*, VII, 56 (57), 191. Encontramos outra lista de invenções em Clemente de Alexandria, *Stromata*, I, 74: Atlas inventou a navegação, os Dáctilos, o ferro, Ápis, a medicina e Medeia, a tintura de cabelo; mas Ceres e Baco desaparecem da lista... Baco, que foi apenas um homem, é somente 63 anos anterior a Héracles, segundo esse grande cronologista que foi Clemente; ele não tem a primazia de nenhuma invenção. Plínio ou Clemente foram levados a isso por um esquema, um instrumento da razão: o questionário. Quem inventou o quê? O questionário era uma das técnicas de pensamento da época (havia outras, por exemplo, as listas de excelências: as sete maravilhas do mundo, os doze maiores oradores...). Como escreveu recentemente J.-C. Passeron, "listas e tábuas, cartas e classificações, conceitos e diagramas não são pura e simples transcrição de enunciados preexistentes, mas fazem surgir, sob a pressão da lógica gráfica, asserções, aproximações, adjunções" (Les yeux et les oreilles, prefácio de *L'oeil à la page*, p.11).

acontece com frequência, o método de pensamento, a saber, o questionário, foi criador de pensamentos: Plínio sucumbiu à lei do gênero; a lista a ser completada desafiou esse leitor incansável a responder às perguntas, em vez de refletir sobre as coisas em si: "Sabe-se quem inventou o quê?", e ele respondeu: "Éolo, Atlas", porque ele sabia tudo que se encontra em todos os livros.

Eusébio também. Suas *Tábuas cronológicas ou resumo de todas as histórias* recapitulam nove séculos de pensamento sobre os mitos e serão a base do saber histórico até e inclusive dom Calmet.[208] Encontramos ali as genealogias, a dos reis de Sicião e a dos reis de Argos, cujo primeiro foi Ínaco (a fonte é o historiador Castor); a de Micenas, com Atreu, Tiestes e Orestes, e a de Atenas, com Cécrope e Pandião. Temos todos os sincronismos: na época em que Abimelec reinava sobre os hebreus houve a batalha dos Lápitas e dos centauros, "que Paléfato, em suas *Coisas em que não acreditar*, diz terem sido famosos cavaleiros tessálios"; temos as datas: Medeia foi embora com Jasão, abandonando seu pai Eetes 780 anos depois de Abraão e, consequentemente, 1.235 anos antes do nascimento do Salvador. Eusébio é um racionalista: em 650 de Abraão, Ganimedes foi raptado por um príncipe dos arredores; portanto, Zeus e a ave de rapina são "fábula vazia". A górgona, da qual Perseu cortou a cabeça em 670 de Abraão, era simplesmente uma cortesã de beleza fascinante. Concluímos citando mais uma vez o *Discurso sobre a história universal*, do bispo de Meaux: a guerra de Troia, "quinta era do mundo", é uma "época propícia a reunir o que os tempos fabulosos", nos quais a verdade é "envolvida" de falsidades, "têm de mais certo e mais belo"; na verdade, "vemos nela os Aquiles, os Agamenons, os

---

[208] O leitor que se diverte com essas coisas lerá Yves-Paul Pezron, *L'antiquité des tems rétablie et défenduë contre les juifs et les nouveaux chronologistes*, pelo qual ficará sabendo que, em 2538 da criação do mundo, Júpiter teve três filhos de Europa. Conheci esse autor graças a G. Couton (cf. nota 7). Quanto a dom Calmet, sua história universal, que divertiu muito Voltaire, apareceu em 1735.

Os gregos acreditavam em seus mitos?

Menelaus, os Ulisses, Sarpédon, filho de Júpiter, Eneias, filho de Vênus".

De Heródoto a Pausânias e Eusébio, eu diria, à moda de Bossuet, que os gregos não deixaram de acreditar no mito, de fazer dele um problema, e seu pensamento avançou pouco no que diz respeito aos dados desse problema ou mesmo a suas soluções; durante meio milênio, houve muitos, como Carnéades, Cícero ou Ovídeo, que não acreditaram nos deuses, mas ninguém duvidou de Héracles ou Éolo, ainda que à custa de racionalizações; os cristãos destruíram os deuses da mitologia, nos quais ninguém acreditava,[209] mas não disseram nada dos heróis mitológicos, porque acreditavam neles como todo mundo, inclusive Aristóteles, Políbio e Lucrécio.

Como enfim as pessoas deixaram de acreditar na historicidade de Éolo, Héracles ou Perseu? O salutar método científico e a dialética, materialista ou não, não tiveram nada a ver com isso. É raro que os grandes problemas políticos ou intelectuais resultem numa solução, sejam resolvidos, regulados e superados; na maioria das vezes, eles se perdem nas areias, onde são esquecidos ou apagados. A cristianização apagou um problema do qual os gregos não haviam encontrado a chave e do qual também não conseguiam se desligar. É permitido supor que se apegaram a ele por razões não menos acidentais.

As amas, desde séculos antes, portanto, haviam deixado de falar às crianças de heróis e deuses, mas os eruditos ainda acreditavam neles a sua maneira. Deixaram de acreditar por duas razões. Nascida da investigação, da reportagem, com Eusébio a história desembocou numa história confundida com a filologia; entre os modernos, nascia uma coisa muito diferente, mas que tinha também o nome de história; ela saiu da controvérsia e do

---

209 Como confessa santo Agostinho no início do Capítulo 10 do Livro II da *Cidade de Deus*. Não importava: a polêmica antipagã era mais uma espécie de berreiro em torno dos falsos deuses do que um modo racional de persuasão.

divórcio da filologia. As pessoas deixaram de confundir num mesmo respeito a realidade histórica e os textos que a relatam, enquanto a querela dos antigos e dos modernos despojava esses textos de sua auréola. Depois veio Fontenelle, que pensou que podia não haver nem uma única palavra de verdade na fabulação. Nem por isso o problema do mito foi eliminado; ao contrário, ele se agravou;[210] a pergunta não era mais: "Que verdade tem a fábula? Pois ela contém uma verdade, não se pode falar de nada", mas: "Que significado ou que função tem o mito? Pois não se pode falar ou imaginar por nada". De fato.

Essa necessidade de encontrar uma razão de ser para a fabulação traz certo mal-estar de nossa parte diante do erro e é o reverso da nossa própria mitologia da verdade e da ciência. Como a humanidade, pensamos, pôde se enganar por tanto tempo e de maneira tão maciça? Mito contra razão, erro contra verdade, deveria ser um para dois. A verdade permanecendo una e insuspeita, a culpa será talvez das modalidades de crença desiguais em valor e intensidade. A humanidade cometeu o erro talvez de ter sido dócil por tempo demais ao argumento de autoridade ou às representações sociais. Mas ela acreditava realmente? Os espíritos voltairianos tendem secretamente a duvidar que seu semelhante acredite realmente nessas quimeras; suspeitam todas as fés de "tartufice". Eles não estão completamente enganados: não acreditamos nos nêutrons, nos mitos ou no antissemitismo do mesmo modo como acreditamos no

---

[210] Na verdade, parece que tudo deve ser retomado do princípio. Um belo estudo de F. Hampl (Mythos, Sage, Märchen, in: _____, *Geschichte als kritische Wissenschaft*, v.2, p.1-50) mostra que seria inútil distinguir entre o conto, a lenda e o mito, atribuindo-lhes um grau diferente de veracidade ou uma relação diferente com a religião. O "mito" não é um elemento trans--histórico, um invariante; os gêneros praticados pelo pensamento mítico são tão múltiplos, variáveis e inapreensíveis quanto os outros gêneros literários através das literaturas de todos os povos e de todos os séculos. O mito não é uma essência.

testemunho dos sentidos e na moral da tribo; porque a verdade não é una. Mas essas verdades não são menos análogas entre si (parecem ser a mesma) e sua sinceridade é igual, já que fazem seus fiéis agir de forma tão viva. A pluralidade das modalidades de crença é, na realidade, pluralidade dos critérios de verdade.

Essa verdade é filha da imaginação. A autenticidade de nossas crenças não se mede pela verdade de seu objeto. Mas ainda é preciso compreender sua razão, que é simples: somos nós que inventamos nossas verdades e não é "a" realidade que nos faz acreditar. Porque ela é filha da imaginação constituinte da nossa tribo. Se não fosse assim, a quase totalidade da cultura universal começaria a ser inexplicável, mitologias, doutrinas, farmacopeias, falsas ciências e ciências falsas. Enquanto falarmos de verdade, não compreenderemos nada da cultura e não conseguiremos ter a respeito da nossa época o mesmo distanciamento que temos a respeito dos séculos passados, nos quais se falou de mitos e deuses.

O exemplo dos gregos prova uma incapacidade milenar de se desprender da mentira; eles nunca conseguiram dizer: "O mito é inteiramente falso, já que repousa sobre nada", e Bossuet não dirá nada além disso. O imaginário como tal nunca é rejeitado, como que por um pressentimento secreto de que, se o fosse, não restaria mais nenhuma verdade. Ou se esquecem os mitos de antigamente para se falar de outra coisa e mudar de imaginação, ou se quer absolutamente encontrar o núcleo de verdade que estava envolvido na fabulação ou a fazia falar.

Constataremos a mesma coisa se passarmos dos mitos heroicos, que estudamos sozinhos, para a crença nos deuses propriamente ditos. Em *Atheism in pagan Antiquity*, A. B. Drachmann mostrou que o ateísmo antigo mais criticava a ideia popular dos deuses do que negava a existência deles; ele não excluía uma concepção mais filosófica da divindade. Os cristãos, a sua maneira, não foram mais longe na negação dos deuses do paganismo; eles disseram mais "concepções indignas" do que "fábulas vazias". Como queriam pôr seu deus no lugar do deus dos pagãos, poderíamos considerar que o programa mais indicado seria mostrar que Júpiter não existia e depois, num segundo momento, expor as provas da existência de Deus. Não foi esse o programa deles; eles parecem reprovar os deuses pagãos menos por não existir do que por não ser adequados; parecem menos apressados para negar Júpiter do que substituí-lo por um rei que seja menos indigno de ocupar o trono divino. É por isso que a apologética do cristianismo antigo dá uma impressão de estranheza; parece que, para estabelecer Deus, bastava expulsar os outros deuses. Eles queriam mais suplantar ideias falsas do que destruí-las; mesmo quando os cristãos parecem atacar o paganismo a propósito de sua veracidade, não é isso que eles fazem. Como vimos anteriormente, eles criticavam inutilmente a puerilidade e a imoralidade de narrativas mitológicas em que os pagãos nunca acreditaram e que não tinham nada em comum com a concepção elevada ou sofisticada que o paganismo tardio tinha da divindade; é que o objetivo dessa polêmica era mais excluir rivais do que convencer adversários; era mostrar que o Deus ciumento não tolerava nenhuma divisão, ao contrário dos deuses dos paganismos, que toleravam uns aos outros (porque todos eram verdadeiros e um não excluía os outros); pouco importava que os ataques contra os deuses da fábula tenham sido pouco pertinentes; o importante era dar a entender que não se admitiria raciocínio apaziguador. Os deuses pagãos eram indignos e ponto final; essa indignidade implicava provavelmente sua falsidade, mas implicava sobretudo – e isso era mais importante do que esse ponto de vista intelectual – que ninguém queria mais ouvir falar deles: eles não mereciam existir. Se, por escrúpulo de pensador, fosse necessário traduzir essa indignidade, os cristãos diriam, como Eusébio, que os deuses pagãos são mais deuses falsos do que falsos deuses: são demônios que, para enganar os homens, se fizeram passar por deuses, em especial por meio do conhecimento que tinham do futuro; eles impressionaram os homens com oráculos verídicos.

É menos difícil eliminar uma imaginação do que negá-la; é muito difícil negar um deus, ainda que seja o deus dos outros, e o próprio judaísmo antigo fazia isso com dificuldade. De preferência, afirmava que os deuses estrangeiros eram menos fortes que o deus nacional, ou então que não eram interessantes; desprezo ou horror, não negação; mas, para um patriota, é a mesma coisa; os deuses dos outros existem? Sua existência pouco importa: o importante é que os deuses dos outros não valem nada, são ídolos de pedra ou madeira que têm ouvidos para não ouvir; esses outros deuses, eles "não os conheciam", são deuses "que não nos foram dados em partilha", diz o Deuteronômio, e os livros mais antigos são mais candidamente explícitos. Quando a Arca foi introduzida no templo de Dagon, no dia seguinte o ídolo desse Dagon, deus dos filisteus, foi encontrado prosternado, com o rosto contra o chão, diante do deus de Israel; o livro de Samuel conta o ocorrido e o Salmo 96 dirá: "Todos os deuses se prostram diante de Iahweh". Eles só tomam conhecimento dos deuses das outras nações nas negociações internacionais; quando dizem ao amorreu: "Como não possuirias o que Camos, teu deus, te fez possuir?", é uma maneira de prometer respeito ao seu território. As nações renunciam sem dificuldade à noção de verdadeiro e falso, que só praticam ou acreditam praticar certos intelectuais em certas épocas.

Se refletirmos um instante, a ideia de que a verdade não existe não é mais paradoxal ou paralisante do que a de uma verdade científica que é eternamente provisória e amanhã será falsificada. O mito da ciência nos impressiona, mas não confundamos a ciência com sua escolástica; a ciência não encontra verdades, matematizáveis ou formalizáveis: ela descobre fatos desconhecidos que podem ser glosados de mil maneiras; descobrir uma partícula subatômica, um método técnico que funciona ou a molécula de DNA não é mais sublime do que descobrir os cilióforos, o Cabo da Boa Esperança, o Novo Mundo ou a anatomia de um órgão. Ou a civilização suméria. As ciências não são mais sérias do que as letras e, já que em história os fatos são inseparáveis da interpretação e podemos imaginar todas as interpretações que quisermos, deve acontecer o mesmo nas ciências exatas.

É preciso escolher: ou a cultura ou a crença numa verdade

Durante muito tempo, portanto, as pessoas acreditaram nos mitos, segundo programas muito diferentes de uma época para outra, é verdade. Acreditam normalmente nas obras da imaginação. Acreditam nas religiões, em *Madame Bovary* enquanto a leem, em Einstein, em Fustel de Coulanges, na origem troiana dos francos; todavia, em certas sociedades, algumas dessas obras são consideradas ficções. O domínio do imaginário não se limita a isso: a política – entenda-se as práticas políticas e não apenas as pretensas ideologias – tem a arbitrariedade e a esmagadora inércia dos programas estabelecidos; a "parte oculta do *iceberg*" político da cidade antiga durou quase tanto quanto o mito; sob o amplo drapeado pseudoclássico com que nosso racionalismo político banalizador a envolve, ela ganhou contornos bizarros, que pertencem apenas a ela. A própria vida cotidiana, longe de ser imediação, é o cruzamento das imaginações e acreditamos ativamente no racismo e nos mandingueiros. O empirismo e a experimentação são quantidades desprezíveis. Daremos à imaginação a parte que lhe cabe se pensarmos que Einstein, para tomarmos esse exemplo lendário, não tem nada de terra a terra;

ele construiu um arranha-céu teórico que ainda não pôde ser testado; se o for, a teoria não será verificada: será apenas não invalidada.

O pior não é isso. Esses palácios de sonho sucessivos, que passaram todos por verdadeiros, têm os mais diferentes estilos de verdade; a imaginação que constitui esses estilos não tem nexo nas ideias; ela avança ao acaso das causalidades históricas. Muda não apenas de planos, mas até de critério: longe de ser um índice que seria eloquente por si só, a verdade é a mais variável das medidas. Ela não é um invariante trans-histórico, mas uma obra da imaginação constituinte. O fato de que os homens tenham ideias diferentes além e aquém dos Pireneus ou do ano 1789 não é grave. O que é grave é que o próprio alvo de nossas afirmações divergentes, os critérios e os modos de obter ideias verdadeiras, em resumo os programas, variem sem o nosso conhecimento.

Como escreveu recentemente Guy Lardreau:

> dizer que o transcendental é historicamente constituído é dizer logo que ele não poderia ser afetado pela universalidade; devemos pensar num *transcendental particular*. Mas não existe nada mais misterioso, afinal de contas, do que aquilo que chamamos comumente de cultura.[211]

O programa de verdade histórica a que pertence este livro não consistia em dizer como a razão progride, como a França foi construída, como a sociedade vivia ou pensava sobre suas bases, mas refletir sobre a constituição da verdade através dos séculos, virar a a cabeça para trás para ver o traçado do caminho percorrido; ele é um produto da reflexividade. Daí não se segue que esse programa seja mais verdadeiro do que os outros e

---

211 Lardreau, L'histoire comme nuit de Walpurgis, *Cahiers de l'Herne: Henry Corbin*, n.39, p.115; artigo muito sóbrio e atravessado por um autêntico sopro filosófico.

menos ainda que tenha mais razões para se impor e durar do que os outros; apenas que, dentro desse programa, podemos dizer o seguinte, sem nos contradizer: "A verdade é que a verdade varia". Nessa concepção nietzschiana,[212] a história dos discursos e das práticas tem o papel de uma crítica transcendental.

Imaginação constituinte? Essas palavras não designam uma faculdade da psicologia individual, mas designam o fato de que cada época pensa e age dentro de molduras arbitrárias e inertes (não é necessário dizer que, em um mesmo século, esses programas podem se contradizer de um setor de atividade para outro e, na maioria das vezes, essas contradições serão ignoradas). Uma vez dentro de um desses aquários, é preciso ser um gênio para sair e inovar; em compensação, quando a genial mudança de aquário é realizada, os inocentes podem ser socializados desde as primeiras letras no novo programa. Eles ficam tão satisfeitos com ele quanto seus ancestrais ficaram com o deles e não veem muitos meios de sair dele, já que não percebem nada além:[213] quando não vemos o que não vemos, não vemos nem mesmo que não vemos. Ainda mais quando desconhecemos a forma estrambótica desses limites: acreditamos habitar fronteiras naturais. Além do mais, com a falsa analogia da verdade atuando através das idades, acreditamos que os ancestrais ocupavam a mesma pátria, ou pelo menos que a realização da unidade nacional estava prefigurada e que uns poucos progressos a completaram. Se existe uma coisa que merece o nome de ideologia, essa coisa é a verdade.

Devo repetir? Esse transcendental é *o fato de que* as coisas acontecem assim: ele é a descrição delas; não é uma instância, uma infraestrutura que *as faria* acontecer assim; quem ia querer dizer semelhante logomaquia? Não se pode pretender, portanto, que isso é reduzir a história a um processo tão implacável

---

212 Cf. Veyne, Foucault révolutionne l'histoire. In: _____, *Comment on écrit l'histoire*, p.203-42.
213 Sobre a ilusão da ausência de limites, cf. Veyne, op. cit., p.216.

quanto irresponsável. Confesso que a irresponsabilidade é uma coisa muito feia e, porque é feia, é seguramente falsa (dirá Diodoro); mas, graças a Deus, não é disso que se trata. A "virtude dormitiva" descreve os efeitos do ópio, que são explicados por causas químicas. Já os programas de verdade têm causas históricas; sua inércia, a lentidão de sua sucessão, é ela própria muito empírica: deve-se ao que chamamos de socialização (Nietzsche dizia "adestramento" e essa ideia é a menos racista e biologista que existe). Essa lentidão, infelizmente, não é o lento "trabalho" de parto do negativo, também chamado retorno do recalcado; não é choque da realidade ou progresso da razão e outros ideais responsáveis. A constituição e a sucessão dos programas são explicadas pelas mesmas causas que os historiadores estão habituados a manejar, ao menos quando não imolam a esquemas. Os programas se erguem como construções: por fileiras sucessivas de pedras; cada episódio é explicado pelos detalhes dos episódios anteriores (a inventividade individual e os acasos do sucesso que "cola" ou não "cola" fazem parte eventualmente desse polígono de causas incontáveis); a construção do edifício, na verdade, não se orienta por grandes razões, como a natureza humana, as necessidades sociais, a lógica das coisas que são o que são ou as forças de produção. Mas não minimizemos o debate; um pensador marxiano de tão grande envergadura como Habermas não vai se entulhar de hipóstases dormitivas como as forças ou relações de produção; ele dá cabo delas em duas linhas. Mas não nos livramos da razão com a mesma facilidade; Habermas resume sua filosofia com estas palavras: "O homem não pode não aprender"; a meu ver, a questão toda é essa. A oposição Habermas-Foucault, isto é, Marx-Nietzsche, ressuscita, na era da moderna trindade incoerente Marx-Freud-Nietzsche, o conflito do racionalismo e do irracionalismo.[214]

---

214 A frase "o homem não pode não aprender" encontra-se em Habermas, *Raison et* légitimité, se não me falha a memória; sobre as relações de produção,

Ora, tudo isso tem consequências para o estado atual da pesquisa histórica. Há quarenta ou oitenta anos, a historiografia de ponta tem como programa implícito a ideia de que escrever a história é escrever a história da sociedade. Não acredita mais que existe uma natureza humana e deixa para os filósofos da política a ideia de que existe uma verdade das coisas, mas acredita na sociedade e isso permite levar em consideração o espaço que se estende daquilo que chamamos de economia àquilo que podemos classificar como ideologia. Mas o que fazer com todo o resto? O que fazer com o mito, as religiões (desde que não tenham apenas função ideológica), as quimeras de todo tipo ou, mais simplesmente, a arte e a ciência? É muito simples: ou a história literária, para tomarmos esse exemplo, será vinculada à história social ou, então, se ela não quiser ou não puder ser vinculada à história social, não será história e sua existência será esquecida; ela é abandonada a uma categoria específica, os historiadores da literatura, que serão historiadores apenas no nome.

A maior parte da vida cultural e social fica assim fora do campo da historiografia, mesmo não sendo eventiva. Ora, se tentarmos levar em conta essa maioria, para um dia poder abrir nela os roçados que Lucien Febvre atribuía como carreira à historiografia de ponta, perceberemos que só podemos fazer isso rejeitando todos os racionalismos, grandes ou pequenos, de tal modo que essa massa de imaginações não pode mais ser chamada nem de falsa nem de verdadeira. Mas se conseguirmos elaborar uma doutrina tal que as crenças possam não ser nem verdadeiras nem falsas, como consequência deveremos considerar que os domínios supostamente racionais, tais como a história social e econômica, também não são nem verdadeiros

---

cf. do mesmo Habermas, *Connaissance et intérêt*, p.61 e 85. A densa crítica de R. Aron ao materialismo histórico (*Introduction à la philosophie de l'histoire*, p.246-50) continua fundamental; Aron conclui justamente que essa crítica não refuta o marxismo em si, que é mais uma filosofia do que uma ciência da história.

nem falsos: eles não se justificam por um esquema que erige suas causas em razão; ao fim dessa estratégia de envolvimento, teremos de pôr uma pedra em cima de tudo que nos ocupa há algumas décadas: ciências humanas, marxismo, sociologia do conhecimento.

A história política, por exemplo, seguramente não é a de 20 ou 50 milhões de franceses, mas, ainda que seja eventiva e tenha curta duração, ela não é anedótica: a poeira dos detalhes eventivos não é explicada por realidades eternas: governar, dominar, o Poder, o Estado; esses nobres drapeados não passam de abstrações racionalistas, que recobrem programas cuja diversidade é secretamente enorme: de Luís XIV ao nosso século, a Política eterna variou tanto quanto as realidades econômicas, e é a explicitação desse programa que permite explicar a poeira dos tratados-e-batalhas e encontrar um interesse neles. Diríamos o mesmo da história literária; relacioná-la à sociedade é uma empreitada que ninguém realizou e que talvez seja mais vazia do que falsa; a historicidade da história literária não reside nisso: ela reside nas enormes mudanças inconscientes que, em três séculos, afetaram o que não deixamos de chamar, com palavras enganadoras, de literatura, belo, gosto, arte; não são somente as relações "da" literatura com a "sociedade" que mudaram: foi o Belo em si, a Arte em si; o cerne dessas realidades, na verdade, não tem nada de um invariante que se deve deixar para os filósofos: ele é histórico e não filosófico; não existe cerne. E as forças e relações de produção... Digamos que elas determinam o resto (essa proposição é mais verbal que falsa: o chamado "resto" é ele próprio um elemento dessas forças e relações que o determinam, mas não insistiremos nisso): a produção e suas relações não são uma coisa qualquer, não são evidentes: elas são determinadas de maneira variável pelo todo da história em seus diferentes momentos; inscrevem-se em programas que ainda aguardam ser explicitados. Como se, num mesmo território, dotado dos mesmos recursos, duas variedades próximas de uma mesma espécie animal tivessem modos de vida tão diferentes quanto ser insetívoro ou carnívoro. Dissemos, anteriormente, que não vemos conduta que não seja arbitrária à sua maneira; mais vale dizer que toda conduta é tão irracional como qualquer outra. Como escreveu Ramsay MacMullen em *Past and Present* (1980), "esse interesse que temos hoje pelo irracional deveria levar a uma importante mudança na natureza da historiografia que se pretende a mais séria".

Ao longo deste livro, tentamos pôr nossa intriga de pé, circunscrevendo-nos à hipótese irracionalista; não atribuímos nenhum papel a um impulso da razão, a uma luz natural, a uma relação entre as ideias e à sociedade que fosse funcional. Nossa hipótese também pode ser anunciada assim: em cada momento, nada existe ou age fora desses palácios da imaginação (a não ser a semiexistência de realidades "materiais", isto é, de realidades cuja existência não foi ainda levada em conta e não recebeu sua forma,[215] fogo de artifício ou explosivo militar, se se trata de pólvora de canhão). Esses palácios, portanto, não se erguem no espaço: eles são o único espaço disponível; fazem surgir um espaço quando se erguem, o deles; não há em torno uma negatividade reprimida que tenta entrar neles. Só existe, portanto, o que a imaginação, que fez surgir o palácio, constituiu.

---

[215] Jacob, *La logique du vivant*, p.22: "Não basta ver um corpo até então invisível para transformá-lo em objeto de análise; quando Leeuwenhoek observa pela primeira vez uma gota de água através de um microscópio, ele descobre um mundo desconhecido, toda uma fauna imprevisível que o instrumento, de repente, torna acessível à observação. Mas o pensamento da época não sabe o que fazer de todo esse mundo. Não tem nenhum uso a propor a esses seres microscópicos, nenhuma relação para uni-los ao resto do mundo vivo; essa descoberta serve apenas para alimentar as conversas". Semelhante concepção da matéria (que, teria dito Duns Scot, é em ato, mas sem ser ato de nada) explica a famosa frase de Nietzsche, frequentemente atribuída a Max Weber e pedra angular do problema da objetividade histórica: "Os fatos não existem". Cf. *Der Wille zur Macht*, n.70 e 604 Kröner: "Es gibt keine Tatsachen". A influência de Nietzsche sobre Max Weber, que foi considerável, mereceria um estudo.

Essa espécie de clareira no nada é ocupada por interesses sociais, econômicos, simbólicos e tudo que quisermos; o mundo de nossa hipótese terá a mesma ferocidade do mundo que conhecemos; esses interesses não são trans-históricos: são o que podem ser, a partir das possibilidades oferecidas por cada palácio; são o próprio palácio com outro nome. Se o polígono das causas se modifica, o palácio (que é o polígono com outro nome ainda) será substituído por outro palácio, que constituirá outro espaço; essa substituição parcial ou total comportará eventualmente a consideração de virtualidades que até então haviam permanecido puramente materiais: mas, se tal consideração ocorrer, será em razão de dois concursos felizes de circunstâncias e não por uma necessidade constante. Afinal, nenhum desses palácios é obra de um partidário da arquitetura funcional; ou, melhor, nada será mais variável do que a concepção que os sucessivos arquitetos terão da racionalidade e nada será mais imutável do que a ilusão pela qual cada palácio será considerado apropriado à realidade; pois cada estado de fato será tomado pela verdade das coisas. A ilusão de verdade fará cada palácio passar por plenamente instalado nas fronteiras da razão.

Nada se iguala à segurança e à perseverança com que abrimos permanentemente esses amplos prolongamentos no nada. A oposição entre a verdade e o erro não está na escala desse fenômeno: ela é menor; a oposição entre a razão e o mito não é muito diferente: o mito não é uma essência, mas um quarto de despejo,[216] e a razão, por sua vez, dispersa-se em mil pequenas racionalidades arbitrárias. Ele não é a oposição entre a verdade e a ficção, que aparece como secundária e histórica; a distinção entre o imaginário e o real não o é menos. As concepções menos absolutas da verdade como simples ideia reguladora, ideal da pesquisa, não podem servir de desculpa para a amplidão adquirida por nossos palácios de imaginação, que têm a

---

216 Cf. nota 210.

espontaneidade das produções naturais e provavelmente não são nem verdadeiros nem falsos. Eles também não são funcionais nem todos são bonitos; contudo, têm um valor raramente mencionado, do qual só falamos quando não sabemos dizer exatamente qual é o interesse de uma coisa: eles são interessantes. Pois são complicados.

Alguns desses palácios dizem se referir a um modelo de verdade prática e realizar a verdadeira política, a verdadeira moral... Seriam falsos se o modelo existisse e a imitação foi malsucedida; mas, se não existe modelo nenhum, eles não são mais falsos do que verdadeiros. Outros palácios são construções doutrinais que dizem refletir a verdade das coisas; mas, se essa pretensa verdade é apenas uma luz arbitrária que lançamos sobre as coisas, o programa de verdade desses palácios não vale nem mais nem menos do que outro qualquer. De resto, a verdade é a menor das preocupações dessas doutrinas que afirmam se valer dela: a fabulação mais desenfreada não foi feita para assustá-las; o impulso profundo dessas doutrinas não vai na direção do verdadeiro, mas da amplidão. Elas dependem da mesma capacidade organizadora da qual dependem as obras da natureza; uma árvore não é nem verdadeira nem falsa: é complicada.

Os palácios da cultura têm uma função tão útil para a "sociedade" quanto são úteis para a natureza as espécies vivas que a compõem; aliás, o que chamamos de sociedade não é mais do que um conjunto pouco estrutural desses palácios culturais (é assim que uma burguesia se acomoda tanto à companhia das Luzes quanto de uma devoção puritana). Agregado informe, mas igualmente prolífero. A fabulação mítica é um belo exemplo dessa proliferação da cultura.

Proliferação que desafia nossos racionalismos; eles têm de aparar o mais possível essas excrescências tão gratuitas quanto a vegetação. O reducionismo da fabulação se fez de várias maneiras, que têm em comum o fato de serem egocêntricas, pois cada época se considera o centro da cultura.

Primeiro procedimento: o mito diz a verdade. É espelho alegórico das verdades eternas que são as nossas. A menos que seja o espelho ligeiramente deformador dos acontecimentos passados; esses acontecimentos serão semelhantes aos acontecimentos políticos de hoje (o mito é histórico), ou então serão a origem das individualidades políticas de hoje (o mito é etiológico). Reduzindo o mito à história ou a *aitia*, os gregos foram levados a datar o começo do mundo de um pouco mais de dois milênios antes deles; houve primeiro um prólogo mítico, ao qual se sucedeu o passado histórico do povo grego, que durou cerca de mil anos. Eles nunca duvidaram nem por um instante que a mais antiga humanidade da qual se tem lembrança foi também a primeira humanidade que existiu; o mais antigo a ser conhecido é o fundador; certo nobre do Antigo Regime também não cogitava fazer a distinção quando escreveu isso em sua crônica familiar: "O fundador de nossa raça foi Godron de Bussy, que em 931 deu uma terra à abadia de Flavigny"; porque essa doação era o mais antigo documento conservado por seu cartulário.

Todavia, certos pensadores gregos consideravam que o mundo, com a fauna animal, humana e divina que comporta, era muito mais antigo ou até que existia desde a eternidade. Como reduzir essa imensa extensão às nossas razões? A solução desses pensadores foi acreditar numa verdade das coisas e do homem; o devir do mundo é um perpétuo recomeço, pois tudo é destruído por catástrofes periódicas, e a idade mítica é apenas o último desses períodos: é o que Platão ensina no Livro III das *Leis*; ao longo de cada um desses ciclos, as mesmas realidades e as mesmas invenções ressurgem, como uma rolha que a natureza das coisas faz voltar incessantemente à superfície das águas mais agitadas. Encontramos no Livro H da *Política* de Aristóteles um exemplo impressionante dessa confiança na verdade natural; "Há muito tempo", escreveu o filósofo, "a teoria política reconheceu que, nas cidades, a classe dos guerreiros devia ser distinta da classe dos lavradores"; quanto à instituição das refeições em comum

Os gregos acreditavam em seus mitos?

(todos os dias, todos os cidadãos comiam juntos, e a cidade oferecia o espetáculo de um refeitório monacal), ela não é menos antiga e seus autores são Minos, em Creta, e Ítalo, na Itália; "todavia", acrescenta Aristóteles, "mais vale pensar que essas instituições, como muitas outras, foram inventadas um grande número de vezes ao longo das eras ou, melhor, um número infinito de vezes". Essas últimas palavras devem ser tomadas ao pé da letra: Aristóteles acredita na eternidade do mundo e, por consequência, no Eterno Retorno. Ele não imagina o mundo como uma mistura de "mãos" sempre diferentes numa espécie de pôquer cósmico, em que o retorno inevitável dos mesmos agregados, longe de ter uma razão, confirmaria que tudo é apenas combinatória ao acaso (e não esquema causal); ele o vê, de forma mais reconfortante, como ascensão cíclica das mesmas realidades, que a verdade das coisas permite recuperar: é um *happy end*.

Nós, modernos, não acreditamos mais no ciclo, mas na evolução: a humanidade foi criança durante muito tempo, agora é grande e não conta mais mitos; ela saiu ou vai sair de sua pré-história. Nossa filosofia ainda tem a missão de reconfortar e abençoar, mas agora é a (r)evolução que deve ser confortada. Para nós, o mito deixou de dizer a verdade; em compensação, não julgamos que tenha falado por nada: na falta de uma verdade, ele teve uma função social ou vital. A verdade permanece egocentricamente nossa. A função social que o mito teve confirma que estamos na verdade das coisas quando explicamos a evolução pela sociedade; diríamos o mesmo da função da ideologia, e é por isso que essa última palavra nos é tão cara. Tudo isso está muito bem, mas há um *porém*: e se não houver verdade das coisas?

Quando jogamos em pleno deserto uma cidade ou então um palácio, este não é mais verdadeiro ou falso do que os rios ou as montanhas, que não têm um modelo de montanha com o qual estariam em conformidade ou não; o palácio existe e, com ele, começa a existir uma ordem de coisas, da qual haverá algo a dizer; os habitantes do palácio acharão que essa ordem arbitrária está em conformidade com a própria verdade das coisas, porque essa superstição os ajuda a viver, mas, entre eles, alguns historiadores ou filósofos se limitarão a tentar dizer a verdade sobre o palácio e lembrar que ele não poderia estar em conformidade com um modelo que não existe em nenhum lugar. Para mudar de metáfora, nada brilha na noite do mundo: a materialidade das coisas não é naturalmente fosforescente e também não há balizas luminosas indicando o itinerário que devemos seguir; os homens não podem aprender nada, porque ainda não há nada a aprender. Mas os acasos de sua história, tão pouco orientados e esquemáticos quanto as sucessivas mãos de uma partida de pôquer, fazem que eles joguem em torno deles uma luz sempre variável: então apenas a materialidade das coisas se ilumina de uma maneira qualquer. Essa luz não é nem mais verdadeira nem mais falsa do que outra qualquer, mas começa a fazer certo mundo existir; ele é criação *ad libitum*, produto de uma imaginação. Quando existe, assim, uma clareira de luz, em geral, a tomamos pela própria verdade, já que não há outra coisa para ver; também podemos construir frases – que serão verdadeiras ou falsas – sobre o que a luz faz surgir cada vez. Produtos da imaginação, porque essas luzes sucessivas não podem estar em conformidade com uma materialidade que não existe aos nossos olhos independentemente da luz, e sua sucessão também não se explica pelas exigências dialéticas de uma vocação para a racionalidade. O mundo não nos prometeu nada e não podemos ler nele as nossas verdades.

    A ideia de que não podemos reivindicar o verdadeiro permite distinguir a filosofia moderna de suas falsificações. Sim, a imaginação está na moda, o irracionalismo está mais em alta do que a razão (ele significa que os outros não são realmente racionais) e o não dito fala de improviso e com fluência. Mas o ponto é: esse não dito se limita a existir ou é uma coisa boa à qual devemos dar a palavra (ou, o que dá no mesmo, uma coisa ruim à qual devemos negar a palavra, porque existe uma verdade, que é a autodisciplina civilizadora)? Ele é análogo ao natural (ou, o que dá no mesmo, à barbárie que está sempre renascendo)? Enxotado pela porta para um vazio que circundaria o atual palácio, ele fatalmente tenta entrar de novo e devemos abrir-lhe uma janela? Há assim uma tendência natural inscrita nas coisas, que é a nossa vocação, e, se a seguimos, somos pessoas de bem? Isso tudo são vinhos muito antigos, agora em odres novos, que tiveram como nome razão, moral, Deus e verdade. Esses vinhos parecem ter um sabor moderno, se os jogamos na desmistificação, no questionamento da consciência e da linguagem, na filosofia como mundo invertido, na crítica das ideologias; só que esses romances amargos e dramáticos acabam bem, como aqueles de antigamente: o *happy end* é uma promessa; existe um caminho, o que nos tranquiliza, e esse caminho é nossa carreira, o que é excitante. As falsificações são facilmente reconhecidas pelo calor humano que exalam. Natanael, não me dê o fervor.[217] Seria demagógico não especificar que a análise reflexiva de um programa ou "discurso" não leva à instalação de um programa mais verdadeiro nem à substituição da burguesa por uma sociedade mais justa; leva apenas a outra sociedade, a outro programa ou discurso. Continua perfeitamente lícito preferir essa nova sociedade ou essa nova verdade; basta abster-se de declará-la mais verdadeira ou mais justa.

Não pretendemos, portanto, que a prudência é o verdadeiro caminho e que basta não divinizar mais a história e travar o bom combate contra as ideologias que nos fizeram tanto mal: esse programa de conservadorismo é tão arbitrário quanto qualquer outro. Se medirmos pelo número de milhões de mortos, o patriotismo, do qual ninguém fala mais, fez e fará tantas vítimas quanto as ideologias com que nos indignamos exclusivamente.

---

217 Referência às palavras de André Gide, em *Os frutos da terra*: "É preciso agir sem *julgar* se a ação é boa ou má. Amar sem se preocupar se é o bem ou o mal. Natanael, eu lhe ensinarei o fervor". [N. T.]

O que fazer, então? Essa era precisamente uma pergunta que não se deveria fazer. Ser contra o fascismo e o comunismo, ou o patriotismo, é uma coisa: todos os seres vivos vivem de tomar partido e os do meu cachorro são de ser contra a fome, a sede e o carteiro e a favor de brincar com bola. Ele não se pergunta o que deve fazer e o que lhe permitido esperar. Queremos que a filosofia responda a essas perguntas e a julgamos por suas respostas; mas apenas um antropocentrismo decidido presumirá que um problema comporta uma solução unicamente porque necessitamos dessa solução e as filosofias que dão razões para viver são mais verdadeiras do que as outras. Além disso, essas perguntas são menos naturais do que se imagina; elas não se colocam por si mesmas; os séculos não duvidaram de si mesmos, em sua maioria, e não se fizeram essas perguntas. Pois o que chamamos de filosofia serviu de estande para as mais diferentes mercadorias interrogativas: o que é o mundo? Como ser feliz, isto é, autárcico? Como conciliar nossas perguntas com os livros revelados? Qual é o caminho da autotransfiguração? Como organizar a sociedade de maneira a ser no sentido da história? Mais cedo se esquece a pergunta do que se conhece a resposta.

A reflexão histórica é uma crítica que restringe as pretensões do saber e se limita a dizer a verdade sobre as verdades, sem presumir que existe uma política verdadeira ou uma ciência com maiúscula. Essa crítica é contraditória e pode-se dizer que é verdade que não existem verdades? Sim, e não estamos jogando o jogo emprestado dos gregos do mentiroso que mente quando diz: "Eu minto", o que, portanto, é verdade. Ninguém é mentiroso em geral, mas na medida em que diz isso ou aquilo; um indivíduo que dissesse: "Sempre fabulei", não estaria fabulando ao dizer isso, se especificasse: "Minha fabulação consistia em acreditar que minhas sucessivas imaginações eram verdades inscritas nas coisas".

Pois, se minha presente verdade do homem e das coisas fosse verdadeira, a cultura universal se tornaria falsa e restaria explicar esse reino da falsidade e meu privilégio exclusivo de veracidade. Procuraríamos um núcleo de verdade na falsidade, à maneira dos gregos? Atribuiríamos à fabulação uma função vital, como Bergson, ou social, à maneira dos sociólogos? O único meio de sair do impasse é estabelecer que a cultura, sem ser falsa, também não é verdadeira. Para isso, recorri a Descartes. Não ousando imprimir, ele confessava por carta aos amigos que Deus criou não apenas as coisas, mas também as verdades, de modo que dois e dois não seriam quatro, se tivesse desejado assim; porque Deus não criava o que era previamente verdadeiro: era verdadeiro o que ele criava como tal, e o verdadeiro e o falso existiam apenas depois que ele os criava. Basta dar à imaginação constituinte dos homens esse poder divino de constituir, isto é, de criar sem modelo prévio.

Pensar que nada é verdadeiro nem falso tem um efeito muito estranho, mas nos habituamos rapidamente. E por um bom motivo: o valor de verdade é inútil, redundante; verdade é o nome que damos às nossas opções, das quais não abrimos mão; se abríssemos mão delas, nós as declararíamos decididamente falsas, tamanho o nosso respeito pela verdade; até os nazistas a respeitavam, porque diziam que tinham razão: não diziam que estavam enganados. Poderíamos retrucar que estavam errados, mas não adiantaria nada. Eles estavam em outra sintonia e, além do mais, é platônico tachar um terremoto de falsidade.

Deveríamos exclamar que a condição humana é trágica e infeliz, se os homens não têm o direito de acreditar no que fazem e se estão condenados a ver a si com os olhos com que veem seus ancestrais que acreditaram em Júpiter ou Hércules? Essa infelicidade não existe, está no papel, é um tema retórico. Só poderia existir pela reflexividade, que é cultivada apenas pelos historiadores; ora, os historiadores não são infelizes: eles se interessam. Quanto aos outros homens, a reflexividade não os sufoca nem paralisa seus interesses. Do mesmo modo, os programas de verdade continuam implícitos, ignorados por aqueles que os praticam e chamam de verdade aquilo a que aderem. A ideia de verdade só aparece quando se leva em consideração o outro; ela não é primeira; revela uma fissura secreta. De onde saiu que a verdade é tão pouco verdadeira? Ela é a película da autossatisfação gregária que nos separa da vontade de potência.

Somente a reflexão histórica pode explicitar os programas de verdade e mostrar suas variações; mas essa reflexão não é uma luz constante e não marca uma etapa no caminho da humanidade. Caminho sinuoso, cujas curvas não são orientadas pela verdade que se vislumbra no horizonte, e também não se moldam pelos poderosos relevos de certa infraestrutura: o caminho ziguezagueia ao acaso; na maior parte do tempo, os viajantes não se preocupam com isso; cada um julga que seu caminho é o verdadeiro e não se perturba muito com os desvios que veem os outros fazer. Mas acontece, em raras ocasiões, que um desvio do caminho deixe ver retrospectivamente um longo trecho de estrada, com todos os seus ziguezagues, e o bom humor de certos viajantes é tamanho que essa errância os comove. Essa visão retrospectiva diz a verdade, mas nem por isso torna o caminho mais falso, já que não poderia ser verdadeiro. Assim, os rasgos de lucidez retrospectiva não são muito importantes; são um simples acidente de percurso, não levam ao caminho certo e não marcam uma etapa da viagem. Nem mesmo transformam os indivíduos atingidos por eles: não se nota que os historiadores sejam mais desinteressados do que o comum dos mortais ou que votem diferente dos outros, não sendo o homem um caniço pensante. Será que é porque escrevo este livro no campo? Invejo a placidez dos animais.

O propósito deste livro era muito simples. Apenas pela leitura do título, alguém com um mínimo de cultura histórica já teria respondido: "Mas é claro que eles acreditavam nos mitos deles!". Nós quisemos simplesmente fazer de maneira que o que era evidente por "eles" seja também por nós e extrair as implicações dessa verdade primeira.

Referências bibliográficas

AGOSTINHO. *A cidade de Deus.* I e III.
_____. *Confissões.* VI.
_____. *De utilitate credendi.*
ANNÉE ÉPIGRAPHIQUE, n.2, 1969-1970.
APULEIO. *Flórida.*
ARISTÓFANES. *A paz.*
_____. *As aves.*
_____. *As vespas.*
_____. *Os arcanenses.*
_____. *Os cavaleiros.*
ARISTÓTELES. *A política.*
_____. *Constituição de Atenas.* XLI.
_____. *Ética a Nicômaco.*
_____. *Metafísica.*
_____. *Poética.* IX.
ARON, R. *Introduction à la philosophie de l'histoire.* Paris: Gallimard, 1938.
ARTEMIDORO. *Sobre a interpretação dos sonhos.* II e IV.
_____. *Aetna.*
AUBENQUE, P. *Le problème de l'Être chez Aristote.* Paris: PUF, 1962.
BÉROUL. *Tristão.*
BERGSON, H. *Deux sources de la morale et de la religion.* Paris: PUF, 1932.

BERTAUX, E. *L'art dans l'Italie méridionale.* Rome: École Française de Rome, 1980.

BOECKH, A. D. *Enzyklopädie und Methodenlehre der philologischen Wissenschaften.* Darmstadt: Wissenschaftliche Buchgesellschaft, 1877, reimp. 1967. v.1.

BOSSUET, J.-B. *Histoire des variations des Églises protestantes.*

BOWIE, W. L. Greeks and their Past in the Second Sophistic. *Past and Present*, XLVI, 1970.

BOYANCÉ, P. *Études sur la religion romaine.* Rome: École Française de Rome, 1972.

BRÉHIER, E. *Chrysippe et l'ancien stoicisme.* Paris: PUF, 1951.

BUFFIÈRE, F. *Les mythes d'Homère et la pensée grecque.* Paris: Les Belles Lettres, 1956.

CARDAUNS, B. Juden und Spartaner. *Hermes*, XCV, 1967.

CENSORINO. *De die natali.* XXI.

CÍCERO. *De divinatione.* II.

_____. *De finibus.* I.

_____. *De natura deorum*, II e III.

_____. *De re publica.* II.

_____. *Tusculanas.*

CLEMENTE DE ALEXANDRIA. *Stromata.* I.

CORNUTUS. *Compêndio de teologia.*

CORPUS INSCRIPTIONUM LATINARUM. V.

COUTON, G. Les *Pensées* de Pascal contre la thèse des Trois Imposteurs. *XVIIe siècle*, XXXII, 1980.

CRAWFORD, M. Money and Exchange in the Roman World. *Journal of Roman Studies*, v.60, 1970.

CUMONT, F. *Recherches sur le symbolisme funéraire.* Paris: Geuthner, 1942.

DRACHMANN, A. B. *Atheism in pagan Antiquity.*

DECHARME, P. *La critique des traditions religieuses chez les Grecs, des origines à Plutarque.* Paris: Picard, 1905.

DELEUZE, G. *Différence et répétition.* Paris: PUF, 1968,

DEMANGEL, R. *Revue Internationale des Droits de l'Antiquité*, II, 1949.

DEN BOER, W. Theseus, the Growth of a Myth in History. *Greece and Rome*, XVI, 1969.

DETIENNE, M. *Les maîtres de vérité dans la Grèche archaïque.* Paris: Maspero, 1967.

DEVEUREUX, G. *Ethnopsychanalyse complémentariste.* Paris: Flammarion, 1972.

DIODORO, I, II, III, IV.

DION CASSIUS. *História romana.* XXIII.
DION DE PRUSA. *Discursos troianos.* XI.
DIONÍSIO. *Antiguidades.* II.
DIONÍSIO DE HALICARNASSO. *Julgamento sobre Tucídides.*
DÖRRIE, H. Der Königskult des Antiochos von Kommagene im Lichte neuer Inschriften-Funde. *Abhandlungen der Akademie der Wissenschaften in Göttingen,* III, 60, 1964.
DUCROT, O. *Dire et ne pas dire.*
ÉSQUILO. *Prometeu acorrentado.*
ESTOBEU, II.
ESTRABÃO, I e VIII.
EURÍPEDES. *Íon.*
_____. *Hipólito.*
EUSÉBIO. *Preparação evangélica.* II
EVANS-PRITCHARD, E. E. La religion des primitifs à travers les théories des anthropologues. Paris: Payot, 1971. Coll. "Petite Bibliothèque Payot".
FEYERABEND, P. *Contre la méthode:* esquisse d'une théorie anarchiste de la connaissance. Paris: Seuil, 1979.
FILÉMON, fragmento 118 AB. Edição Kock.
FILÓSTRATO. Ariane. In: _____. *Imagines.* I.
_____. *Heroikos,* VII. [Cf. De Lannoy, L. (ed.). *Heroicus.* Leipzig: Teubner, 1977.]
FILÓSTRATO. *Heroikos.* [Cf. Kayser, C. L. (ed.). *Flavii Philostrati Opera.* Lipsiae: B. G. Teubneri, 1870-1871; De Lannoy, L. (ed.). *Heroicus.* Leipzig: Teubner, 1977.]
FINLEY, M. I. Myth, Memory and History. *History and Theory,* v.4, n.3, 1965.
FLÁVIO JOSEFO. *Contra Ápion.*
_____. *Guerra dos judeus.* I.
FONTENELLE. De l'origine des fables. In: _____. *Oeuvres diverses.* Amsterdam: Aux dépens de la Compagnie, 1742.
FORSDYKE, J. *Greece before Homer:* Ancient Chronology and Mythology. New York: W.W. Norton & Company, 1957.
FOUCAULT, M. *Les mots et les choses.* Paris: Gallimard, 1966.
FRAENKEL, E. *Elementi plautini in Plauto.* Firenze: La Nuova Italia, 1960.
FRÄNKEL, H. *Wege und Formen frühgriech:* Denkens. München: Beck, 1960.
_____. *Dichtung und Philosophie des frühen Griechentums.* München: Beck, 1962.

_____. *Ovid:* ein Dichter zwischen zwei Welten. Darmstadt: Wissenschaftliche Buchgesellschaft, 1974.

FRIEDLÄNDER, L. *Darstellungen aus der sittengeschichte Roms in der zeit von August bis zum ausgang der Antonine.* Leipzig: Hirzel, 1919. v.1.

GALENO. *De foetuum formatione,* 6. [Cf. Kühn, K. G. (ed.). *Opera.* Lipsiae: C. Cnobloch, 1821. v.4.].

_____. *De libris propriis,* 11. [Cf. Kühn, K. G. (ed.). *Opera.* Lipsiae: C. Cnobloch, 1821. v.19.]

_____. *De optima secta ad Thrasybulum,* III. [Cf. Kühn, K. G. (ed.). *Opera.* Lipsiae: C. Cnobloch, 1821. v.1.]

_____. *De placitis Hippocratis et Platonis,* III. [Cf. Kühn, K. G. (ed.). *Opera.* Lipsiae: C. Cnobloch, 1821. v.5.]

_____. *De praenotione ad Epigenem,* 1. [Cf. Kühn, K. G. (ed.). *Opera.* Lipsiae: C. Cnobloch, 1821. v.14.]

_____. *De pulsuum differentiis.* v.8.

_____. *De usu partium corporis humani.* III [cf. Kühn, K. G. (ed.). *Opera.* Lipsiae: C. Cnobloch, 1821. v.3; Helmreich, G. (ed.). *Claudii Galeni Pergameni:* Scripta minora. Lipsiae: B. G. Teubneri. v.1] e XVII [cf. Kühn, K. G. (ed.). *Opera.* Lipsiae: C. Cnobloch, 1821. v.4].

_____. *Isagoge seu Medicus.* 1. [Cf. Kühn, K. G. (ed.). *Opera.* Lipsiae: C. Cnobloch, 1821. v.14.]

GASSENDI, P. *Syntagma philosophiae Epicureae.*

GENNEP, A. van. *Religions, moeurs et légendes:* essais d'ethnographie et de linguistique. Paris: Mercure de France, 1911. v.3.

GRANGER, G. *La théorie aristotélicienne de la science.* Paris: Armand Colin, 1976.

GROETHUYSEN, B. *Origines de l'esprit bourgeois en France:* l'Église et la bourgeoisie. Paris: Gallimard, 1952.

HABERMAS, J. *Connaissance et intérêt.* Paris: Gallimard, 1974.

_____. *Raison et légitimité.* Paris: Payot, 1978.

HADOT, P. *Porphyre et Victorinus.* Paris: Études Augustiniennes, 1968. v.1.

_____. Philosophie, exégèse et contresens. In: XIV Congrès International de Philosophie, *Actes...* Vienne, 1968.

_____. Philosophie, dialectique, rhétorique dans l'Antiquité. *Studia philosophica,* XXXIX, 1980.

HAMPL, F. Mythos, Sage, Märchen. In: _____. *Geschichte als kritische Wissenschaft.* Darmstadt: Wissenschaftliche Buchgesellschaft, 1975. v.2.

HARTOG, F. *Le miroir d'Hérodote:* essai sur la représentation de l'autre. Paris: Gallimard, 1981.

Heidegger, M. *Holzwege.*

HERÁCLITO. *Alegorias homéricas.*
HERODAS, II.
HERÓDOTO, I, II e III, VII e IX.
HITZIG, H. Zur Pausaniasfrage. In: Philologischen Kränzchens. *Festschrift des philologischen Kränzchens in Zürich zu der in Zürich im Herbst 1887 tagenden 39.* Versammlung deutscher Philologen und Schulmänner. Zürich: Schulthess, 1887.
HORÁCIO. *Odes.* I.
HUPPERT, G. *L'idée de l'histoire parfaite.* Paris: Flammarion, 1973.
HUSSERL, E. *Erfahrung und Urteil.*
ISÓCRATES. *Busíris.*
_____. *Demonicos.*
_____. *Panegírico.*
_____. *Panegírico de Atenas.*
JACOBY, F. *Atthis, the Local Chronicles of Ancient Athens.* Oxford: Oxford University Press, 1949.
_____. *La logique du vivant, une histoire de l'hérédité.* Paris: Gallimard, 1971.
JAEGER, W. *Paideia.* Paris: Gallimard, 1964. v.1.
JANET, P. *De l'angoisse à l'extase.* Paris: Alcan, 1926. v.1.
KAIBEL, G. *Epigrammata.*
KIECHLE, F. *Messenische Studien:* untersuchungen zur Geschichte der Messenischen Kriege un der Auswanderung der Messenier. Kallmünz: Michael Lassleben, 1959.
KNIGHTS, L. C. How many children had lady Macbeth? In: _____. *Explorations.* London: Chatto and Windus, 1946.
KÖHLER, E. *L'aventure chevaleresque:* idéal et réalité dans le monde courtois. Paris: Gallimard, 1971.
KROLL, W. *Studien zum Verständnis der römischen Literatur.* Stuttgart: Metzler, 1924.
KROYMANN, J. *Pausanias und Rhianos:* Quellenuntersuchungen zum IV Buch der Reisebeschreibung des Pausanias. Berlin: Junker und Dünnhaupt, 1943.
LARDREAU, G. L'histoire comme nuit de Walpurgis. *Cahiers de l'Herne: Henry Corbin,* n.39, 1981.
LATTE, K. Histoire et historiens de l'Antiquité. *Entretiens sur l'Antiquité Classique,* Fondation Hardt, Vandoeuvres, IV, 1956.
LE BRAS, G. *Études de sociologie religieuse.* Paris: PUF, 1955.
LE CLERC, J.-V. *Des journaux chez les Romains.* Paris: Firmin Didot Frères, 1838.

LEIBNIZ, G. W. *Nouveaux essais sur l'entendement humain.* Paris: PUF, 1961.

LEONARD, W. *Die Revolution entlässt ihre Kinder.* Frankfurt: Ullstein Bücher, 1955.

LEROY, O. *La raison primitive.* Paris: Paul Geuthner, 1927.

LESKY, A. *Geschichte des griechischen Literatur.* Bern: Francke, 1963.

LÍSIAS. *Epitáfios.* II.

LUCIANO. *Filopseudo.*

_____. *Como se deve escrever a história.*

LUCRÉCIO. *De natura rerum.*

MACMULLEN, R. *Past and Present.* 1980.

MACRÓBIO. *Saturnálias.* I e III-V.

MÂLE, E. *L'art religieux du XIIIe siècle en France:* étude sur l'iconographie du Moyen Âge et sur ses sources d'inspiration. Paris: Armand Colin, 1948.

_____. *L'art religieux de la fin du XVIe siècle, du XVIIe siècle et du XVIIIe siècle.* Étude sur l'iconographie après le Concilie de Trente: Italie, France, Espagne et Flandres. 2.éd. rev. et corr. Paris: Armand Colin, 1951.

MAQUIAVEL. *Discurso sobre Tito Lívio.* III.

_____. *O príncipe.*

MEHL, R. *Traité de sociologie du protestantisme.* Paris: Delachaux et Niestlé, 1966.

MENANDRO. Sobre os discursos epidícticos. In: Spengel, L. von. *Rhetores Graeci.* Lipsiae: Teubner, 1856. v.3.

MEYER, E. *Pausanias, Beschreibung Griechenlands.* Zürich: Artemis, 1967.

MILLAR, F. P. Herennius Dexippus: The Greek World and the Third--Century Invasions. *Journal of Roman Studies,* v.59, 1969.

MINÚCIO FÉLIX, XX e XXIV.

MITTEIS, L; WILCKEN, U. *Grundzüge und Chrestomathie der Papyruskunde.* Hildesheim: Olms, 1963.

MOMIGLIANO, A. D. *Studies in Historiography.* London: Weidenfeld and Nicholson, 1966.

_____. *Essays in Ancient and Modern Historiography.* Oxford: Blackwell, 1977.

MÜLLER, K. E. Geschichte der antiken Ethnographie. Wiesbaden: Steiner, 1980. v.1 e v.2.

NESTLE, W. *Vom Mythos zum Logos.* Metzler: Stuttgart, 1940.

NEWTON, I. *La chronologie des anciens royaumes, traduite de l'anglois.* Paris: Gabriel Martin et al., 1728.

NIETZSCHE, F. *Aurore.*

NIETZSCHE, F. *Der Wille zur Macht*. Edição Kröner.
_____. *Philosophenbuch*. Edição Kröner, t.X.
NILSSON, M. *Geschichte der griech: Religion*. 2.ed. München: Beck, 1955. v.1.
NOCK, A. D. *Essays on Religion and the Ancient World*. Oxford: Clarendon Press, 1972. v.1.
NORDEN, E. *Agnostos Theos*. Darmstadt: Wissenschaftliche Buchgesellschaft, 1956.
ORÍGENES. *Contra Celso*, I [cf. Migne, J.-P. (ed.). *Patrologia Graeca*. Paris, 1857. v.11.] e III.
OTTO, R. *Das Heilige*.
OVÍDIO. *A arte de amar*.
PAFÉFATO. *Opuscula mythologica, physica et ethica*. Amstelaedami: Thomas Gale, 1689.
PALÉFATO. II.
PASQUIER, E. *Recherches de la France*.
PASSERON, J.-C. Les yeux et les oreilles. In: _____ et al. *L'oeil à la page*. Paris: Gides, nov. 1979.
PÉPIN, J. *Mythe et allégorie*. Paris: Les Belles Lettres, 1958.
PETER, H. *Wahrheit und Kunst*: Geschichtschreibung und Plagiat im klassischen Altertum. Leipzig: B. G. Teubner, 1911; reimp. Hildesheim: Georg Olms, 1965.
PEZRON, Y.-P. *L'antiquité des tems rétablie et défenduë contre les Juifs et les nouveaux chronologistes*. Paris: [s.n.], 1687.
PIAGET, J. *La formation du symbole chez l'enfant*. Paris: Delachaux et Niestlé, 1939.
_____. *Le jugement et le raisonnement chez l'enfant*. Paris: Delachaux et Niestlé, 1945.
PLATÃO. *A república*.
_____. *As leis*.
_____. *Fédon*.
_____. *Fedro*.
_____. *Górgias*.
_____. *Hípias maior*.
_____. *Lísis*.
_____. *Menexeno*.
_____. *Timeu*.
PLAUTO. *Mercator*.
PLEKET, H. W. Zur Soziologie des antiken Sports. *Mededelingen van het Nederlands Instituut te Rome*, XXXVI, 1974.

PLÍNIO. *A história natural.* VII.
_____. *Cartas.* VII e VIII.
PLOTINO. *Enéadas.* II e III.
PLUTARCO. *De Iside.* 20.
_____. *Quomodo adulescens poetas.* II.
POHLENZ, M. *Die Stoa.* Göttingen: Vandenhoeck und Ruprecht, 1978. v.1.
POLÍBIO, II, IV, VI, X, XII, XXXIV, XXXVIII.
PORFÍRIO. *O antro das ninfas.*
PÖTSCHER, W. *Theophrastos, Peri Eusebeias.* Leyde: Brill, 1964.
PRINZ, F. *Gründungsmythen und Sagenchronologie.* München: Beck, 1979.
PRUSA, D. *Discursos troianos.* XI.
PRUYSER, P. *Dynamic Psychology of Religion.*
PUECH, A. *Histoire de la littérature grecque chrétienne.* Paris: Les Belles Lettres, 1930. v.3.
QUINTILIANO. *Institutio oratoria.* I.
RADERMACHER, L. *Mythos und Sage bei den Griechen.* Baden bei Wien: Roher, 1938, reimp. 1962.
RENAN. *Oeuvres complètes.* v.6.
RIFFATERRE, M. *La production du texte.* Paris: Seuil, 1979.
ROBERT, J.; ROBERT, L. Bulletin épigraphique. *Revue des Études Grecques*, LXXVIII, n.499, 1965.
ROHDE, E. *Der griechische Roman und seine Vorläufer.* Leipzig: Breitkopf und Härtel, 1876.
ROSTAGNI, A. *Poeti alessandrini.* Roma: Bretschneider, 1972.
ROUSSEL, P. Un miracle de Zeus Panamaros. *Bulletin de Correspondance Hellénique*, LV, 1931.
SALÚSTIO. *De diis et mundo.* 4.
SANTAYANA, G. *The Life of Reason:* Reason in Religion. New York: C. Scribner's Sons, 1905. v.3.
SCHUTZ, A. *Collected Papers.* La Haye, Nijhoff, 1960-1966. v.1 e 2. Coll. "Phaenomenologica".
SÊNECA. *De constantia sapientis.* II.
SEXTO EMPÍRICO. *Hipotiposes pirrônicas.* I.
SORANO. *Sobre as doenças das mulheres.* [Cf. Dietz, F. R. (ed.). *Sorani Gynaeciorum vetus translatio latina.* Lipsiae: B. G. Teubneri, 1882.]
TERTULIANO. *Ad valentinianos.*
THÉBERT, Y. L'image du barbare à Athènes. *Diogène*, n.112, 1980.
TOMÁS DE AQUINO. *Summa contra gentiles.*
TUCÍDIDES, *Arqueologia.*
_____. I, II e VI.

UNTERSTEINER, M. *La fisiologia del mito*. 2.ed. Firenzi: La Nuova Italia, 1972.
VALLETTE, P. *De Oenomao Cynico*. Paris: C. Klincksieck, 1908.
VARAZZE, JACOPO DE. *Legenda áurea*.
VERNANT, J.-P. *Les origines de la pensée grecque*. Paris: PUF, 1962.
_____. *Mythe et pensée chez les grecs*. Paris: Maspero, 1965.
_____. *Religions, histoires, raisons*. Paris: Payot, 1979.
VEYNE, P. *Le pain et le cirque*. Paris: Seuil, 1976
_____. *Comment on écrit l'histoire*. Paris: Seuil, 1979. Coll. "Points Histoire".
_____. Foucault révolutionne l'histoire. In: _____. *Comment on écrit l'histoire* Paris: Seuil, 1979. Coll. "Points Histoire".
VILLE, G. *La gladiature*. Rome: École Française de Rome, 1982.
VIRGÍLIO. *Eneida*. I.
VOLTAIRE. *Dictionnaire philosophique*.
WEBER, M. *Wirtschaft und Gesellschaft*. Tübingen: Mohr, 1976. v.1.
WEIL, R. *L'archéologie de Platon*. Paris: Klincksieck, 1959.
WEINREICH, O. Das märchen von Amor und Psyche und andere Volksmärchen im Altertum. In: Friedländer, *Darstellungen aus der sittengeschichte Roms in der zeit von August bis zum ausgang der* Antonine. Leipzig: Hirzel, 1919. v.4
WELLEK, R.; WARREN, A. *La théorie littéraire*. Paris: Seuil, 1971.
XENÓFANES, fragmento 1.
XENOFONTE. *Helênicas*. VI.
_____. *Memoráveis*. IV.

SOBRE O LIVRO

Formato: 14 x 21 cm
Mancha: 23 x 39 paicas
Tipografia: Iowan Old Style 10/14
Papel: Off-white 80 g/m² (miolo)
Cartão Supremo 250 g/m² (capa)
1ª edição: 2014

EQUIPE DE REALIZAÇÃO

Capa
Estúdio Bogari

Edição de texto
Elisa Buzzo (Copidesque)
Camilla Bazzoni de Medeiros (Revisão)
Mariana F. Rosa (Revisão)

Editoração Eletrônica
Sergio Gzeschnik (Diagramação)

Assistência Editorial
Alberto Bononi

Rua Xavier Curado, 388 • Ipiranga - SP • 04210 100
Tel.: (11) 2063 7000 • Fax: (11) 2061 8709
rettec@rettec.com.br • www.rettec.com.br